YSGUB O'R WISGON

YSGUB O'R WISGON

T J Davies

Argraffiad cyntaf: Tachwedd 1996

ⓗ *T J Davies*

Ni chaniateir defnyddio unrhyw ran/rannau
o'r llyfr hwn mewn unrhyw fodd
(ac eithrio i ddiben adolygu)
heb ganiatâd perchennog yr hawlfraint yn gyntaf.

Rhif Llyfr Safonol Rhyngwladol:
0-86381-411-5

Llun y clawr: Anne Lloyd Morris
Cynllun y clawr: Alan Jôs

Argraffwyd a chyhoeddwyd gan Wasg Carreg Gwalch,
12 Iard yr Orsaf, Llanrwst LL26 0EH
☎ (01492) 642031

Cyflwynaf y gyfrol hon i Fethlehem,
Gwaelod-y-garth am iddynt roi ail wynt i mi.

Cynnwys

Dau Fyd

(Nos Fercher, Awst 5ed, 1992, dadorchuddiwyd cofeb ar gopa ger Llyn Eiddwen i gofio pedwar o wŷr llên y fro — J M Edwards, B T Hopkins, T Hughes-Jones ac E Prosser Rhys)

Wedi oes o ddyfal ymholi,
Fe'i cefais.
Y copa uwchlaw pob copa,
Lle'r arweiniwyd yr Iesu i'w demtio,
A chynnig iddo a welai,
Ar yr amod ei fod yn plygu glin i'r Diafol.
Hefer o demtasiwn, wedwn i!
Rhaid mai brig Mynydd Bach Llyn Eiddwen
Oedd y lle.
Mae'r olygfa o'r fan honno'n syfrdanol.
A phe cynigiai Satan a welir o'r copa,
Fe'i derbyniwn.
Cynnig rhy dda i'w wrthod!
Yno y codwyd cofeb i bedwarawd
O wŷr llên y fro.
Y rhai a fu'n hogi geiriau a brawddegau
Yn arfau miniog i drywanu sataniaid.
Ar noson dadorchuddio'r gofeb ymgasglodd gwŷr y fro,
A llawer o'r tu hwnt,
I gydnabod cyfraniad.
Gerllaw'r gofeb eisteddai twysged o hipis yn jicôs i wala.
Gwersyllent dros dro ar Ros Helyg.
Daeth cywreinrwydd â hwy i'r oedfa.
Galwodd llywiwr y cwrdd ar un o feibion y fro
I'w harwain mewn defosiwn.
Gŵr sydd â Chwrdd Gweddi'r Mynydd

9

Yn dal i ddygyfor yn ei enaid aflonydd.
Ei wallt mor ffrwcsog â'r grug o dan ei draed!
Pan ddechreuodd lefaru a'i lais yn rhwygo'r tawelwch
Sibrydodd un hipi yng nghlust y llall,
'Ma' fe ar ddrygiau, fel'na maen nhw pan yn *high*,
Falle gawn ni sgôr gydag e!'
'Chydig a wyddent iddo bedlera moddion gras
Gydol ei oes,
A bod amryw wedi eu rhyddhau o'u caethiwed
Gyda'i foddion.
Ar Fynydd Bach y nos honno
Cyfarfu dau fyd.
Go brin iddynt gwrdd.
Braidd gyffwrdd yn ddamweiniol a wnaethant,
'A'r pellter rhyngddynt oedd fawr'.
Roedd y pedwar a goffeid yn grefftwyr geiriau,
Yn lladmeryddion y Gymraeg a Chymru,
Ac yn gynheiliaid y bywyd gwâr.
'Teithwyr yr Oes Newydd' fel y'u gelwir,
Er iddynt wersylla ger Llyn Eiddwen,
Ni chredent yn rhin ei dŵr!
Tresmaswyr hy ar Ros Helyg oeddynt,
Yn anwybodus am gyfoeth y fro.
Ni ddiosgent mo'u hesgidiau oddi ar eu traed,
Oherwydd ni synhwyrent fod y ddaear a sangent arni
Yn ddaear sanctaidd,
A'r pedwarawd a goffeid yn ddim ond enwau mud
Ar garreg nadd.
Dirgelwch iddynt oedd y digwydd ar y copa.
Erys un cwestiwn i'w gnoi,
Ai carreg fedd ynteu garreg filltir
Yw'r gofeb ar y Mynydd Bach?

Yno

'Dinas a osodir ar fryn
Ni ellir ei chuddio.'
Pe ceisiech,
Ni fedrech guddio hon.
Fe'i ceir yn rhy aml
Ar dudalennau blaen y papurau newydd,
Ac ar fwletinau y cyfryngau.
Ffrwydrodd ei drygioni yn stori
Feunyddiol.
Ynddi, yn ôl yr hanes,
Mae diweithdra'n rhemp.
Drygiau o bob math yn ffordd o fyw.
Fandaliaeth yn fygythiad cyson.
Paentir y lle â graffiti,
Gweddus ac anweddus.
Fe'i gelwir gan rai yn ddinas y 'jeiro',
Am fod canran uchel o'r boblogaeth
Ar nawdd y wladwriaeth.
Gwir fod yno ffynnon sanctaidd unwaith,
Wedi ei chysegru i'r Forwyn Fair.
Arferai'r pererinion ddod,
I brofi rhin y dŵr iachusol.
Nid honno yw'r ffynnon sy'n torri syched
Ar Benrhys, erbyn hyn.
Bellach maent yn codi capel newydd yno.
Un gwahanol,
O raid.
Canolfan gymdeithasol i gwrdd â gofynion y gymdeithas.
Un rhan ohono yn olchdy!

Y cyntaf o'i fath yng Nghymru, mae'n siŵr.
Capel yn golchi!
Arglwydd, onid dyna'i waith?
A rhaid cael un ar Benrhys i'n hatgoffa
O natur ein cenhadaeth.
Dŵr y ffynnon sanctaidd yn cael cyfeiriad newydd.
Yno'n cynnal y cwbl mae gweinidog a'i deulu,
Yn cynnau gobaith ac adfer ffydd,
A dwyn beichiau'r bobl ar eu hysgwyddau.
Gwyddost, Arglwydd, i ni sôn llawer am yr Ymgnawdoliad,
Rhaid mynd i Benrhys i'w weld ar waith.
Arglwydd, maddau i ni mai Cristnogion o bell ydym.
Gwneud cyrch a ffoi am ddihangfa i'n swbwrbia diogel,
A rhyw ymgysuro wrth gyfrannu 'chydig i helpu eraill
Wrth i ni genhadu.
Pa fath o genhadaeth yw peth fel'na, d'wed?
Nid un lle yw Penrhys,
Eithr pob lle.
Ac yr wyt Ti yn galw arnom
I fynd yno a rhannu eu doluriau.
'Ewch i'r Hollfyd . . . ' yw'r Gair, onid e?

Blwyddyn Newydd

Dydd Sul, Ionawr 3ydd, 1993

Bu i rai ohonom newid car yn ystod y flwyddyn.
Tyfodd dealltwriaeth rhyngom a'r hen un,
Daethom i adnabod ei beiriant.
Cafwyd damwain neu ddwy,
Dim byd mawr,
Ond eto, yn ddigon i ysgwyd rhywun
A gwasgu'r wers
Fod y ffyrdd yn beryglus,
A bod gyrru diofal arnynt.
Diau i ni fod yn ffodus.
Gwyddom am rai gadd ddamweiniau angheuol.
Rhai felly yw'r ffyrdd.
Beth bynnag, daeth y car newydd
Ag arogl newydd,
Dieithr braidd.
Hefyd roedd ei drafod yn wahanol.
Offer newydd ar y bwrdd o'ch blaen
A rhaid oedd ymgyfarwyddo,
Cyn dod yn feistr arno.
Onid yw blwyddyn newydd
Yn debyg i newid car?
Rydym yn dod yn gyfarwydd â blwyddyn.
Faint ohonom fydd yn rhoi '92 yn lle '93
Y dyddiau nesaf yma?
Do, bu colledion a damweiniau.
Wrth adolygu'r flwyddyn,
Gwelwn i rai o'n cydnabod gael eu taro,
A'u colli.
Rywfodd, dysgasom mai dyna natur bywyd.

Ni all yr un car bara am byth,
Fwy nag y gall bywyd.
Ac y mae i'r flwyddyn newydd yma
Arogl newydd, gwahanol.
'Leni rydym yn mynd i Ewrop;
Y ffiniau'n disgyn
A daw arogleuon gwahanol i gosi ein ffroenau.
Bydd yr hawl i deithio yn ddilyffethair.
Heb os, rydym yn camu i fyd newydd.
Gall elfennau a dylanwadau
Newydd
A pheryglus,
Gyrraedd a chyffwrdd ein bywydau,
A diau y bydd rhai ohonom yn hiraethu
Am yr hyn a gollwyd,
A'r lleill yn ecstatig groesawu'r newydd.
Er i ni newid blwyddyn
A chamu i fyd gwahanol,
Erys un peth yn ffaith:
Y gyrrwr yw'r elfen bwysicaf;
Ei gyflwr,
Ei agwedd,
Ei feistrolaeth.
Nid ein car ni mohono,
Er ein bod yn ei yrru.
Ar fenthyg y mae.
Gall y perchennog alw amdano yn ôl
Unrhyw bryd.
Ac onid dyna yw stori bywyd?
Ei gael dros dro,
A hawl gan y perchennog i'w alw i'r garej
I archwilio ei gyflwr.
Heb os, mae'n disgwyl ei gael yn ôl
Mewn cyflwr da.
Pechod costus yw camdrin car,
A bywyd.
Ymddiriedaeth yw'r ddau.
Ond, erbyn meddwl
Nid newid blwyddyn a wnawn,
Eithr codi trwydded i yrru
I'r flwyddyn newydd.

Mae digon o hyder ynom, a gobaith
I godi trwydded blwyddyn.
Tybed a gawn ei defnyddio'n llawn?
Gobeithio y byddi yn ein gweld yn ystod y flwyddyn
Yn dod i'r garej
I drwsio,
I adnewyddu,
I diwnio
Y bywyd a roddaist i ni.
Diolch fod yna ddarpariaeth
Ym Methlehem, Gwaelod-y-garth,
I roi ceir 'nôl ar y ffordd
Mewn cyflwr da
A chyfle i roi gwersi gwerth chweil i'r gyrwyr.
Does dim sy'n waeth na gyrrwr sy'n credu
Nad oes ganddo ddim i'w ddysgu.
Gwared ni rhag yr hunanfodlonrwydd hwnnw.

Gŵyl Erddi Glyn Ebwy, 1992

Pwy feddyliodd, d'wed
Am ddod â Gŵyl Erddi i Lyn Ebwy?
Rhaid ei fod yn fentrus neu'n wallgof.
Tebyg iddo weld y posibiliadau.
Unpeth oedd iddo weld yr addewid,
Peth arall oedd argyhoeddi'r awdurdodau.
Rhai sy'n rhagweld anawsterau ydynt hwy, gan amlaf.
Daw amheuaeth a sinigiaeth yn haws iddynt
Na ffydd a gobaith.
Ei gamp oedd gwneud i'r amheuwyr weld trwy'i lygaid ef.
Pe llwyddai i wneud hynny,
Yna câi eu cefnogaeth.
Yn ôl y Beibl, deallwn i'r Tad anfon yr Iesu
I wneud wyneb y ddaear fel wyneb y nefoedd.
Ni chadd groeso.
'At ei eiddo ei hun y daeth
Ac nis derbyniasant Ef.'
Ry'n ni o hyd yn ei chael hi'n dra anodd
I weld yr addewid a welai Iesu.
Gweld terfysgoedd ar y strydoedd,
A chlywed am rai mewn carcharau.
Rhyfeloedd rhwng carfanau
Yn Ne'r Affrig ac yn Iwgoslafia.
Y papurau yn llawn o erchylltra dynion.
Anialwch o'n cwmpas ym mhobman,
Ac fe ymddengys fel pe bai'n lledu.
Ond i Lyn Ebwy anaddawol ein daear ni y daethost
I gyflawni gwyrth,
Ac i dy gynorthwyo sefydlaist eglwys.

Cwmni o arddwyr sy' wedi eu meddiannu â'r un weledigaeth
Â'r Iesu ei Hun,
Ac wedi ymrwymo eu bod yn mynd i'r afael
Â'r anialwch,
A chael blodau i dyfu mewn calon a chymdeithas.
Falle nad yw eu llwyddiant mor amlwg
Â'r hyn a welir yng Nglyn Ebwy.
Serch hynny, y mae llwyddiant.
Bywydau yn cael eu newid,
A'r newid hwnnw yn canmol gwaith y Garddwr,
Ac yn plannu ynom awydd a dymuniad
I weld y gwaith yn lledu ymhellach.
Wedi'r cwbl, mae Glyn Ebwy yn well dyffryn gyda gardd
Nag oedd e gydag anialwch,
Ac mae byd a bywyd ar ei ennill o gael
Eglwys sy'n credu y gall lwyddo er gwaethaf pob anialwch y sydd.

Wnei di faddau i bwy bynnag a dybiodd fod tyfu blodau
Ar ystlysau'r Cwm yn newid y Cwm.
O Beniel bu'r Prif Arddwr yn sôn am ei gynlluniau
Ar gyfer tyfu blodau yn y Cwm.
'Blodau hyfryd fo'n disgleirio daer a Nef.'
Mae ei Bencadlys wedi cau.
O ble gân' nhw had i'w hau
Os yw ei siop E wedi cau?

Colli a chael

'Odych chi, Mam, yn licio'r fodrwy ddyweddïo ge's i?'
'Wel . . . wel . . . faint gostiodd hi?'
'Ffortiwn fach.'
'Un . . . dwy . . . tair o ddiemwntau.
Smo'r rheina'n rhad, odyn nhw?'
'Rwy'n dwli ar y glas symudliw.'
'Mari fach, mae dy law yn debyg i un Liz Taylor!
Yr unig beth ddweda' i — fe wnest yn well na fi.
Pob lwc i ti.
Gwranda 'merch i, nid modrwyau sy'n gwneud priodas.
Nid ar ddiemwntau nac aur mae adeiladu cartre.
Rhaid cloddio'n ddyfnach,
"Ond cariad pur sydd fel y dur,
Yn para tra bod dau."
Dyna'r gyfrinach.
Mowredd Mari, 'drych ar ei hôl hi.
Paid â'i cholli, da ti.'
Rhyw fore cododd Mari'n gynnwrf i gyd,
Gwrthod ei brecwast.
'Be sy'?'
'Yn fy myw y galla' i dinced fy modrwy.'
'Paid â dweud!'
'Wedi ei tharo'n rhywle, meddwl ei rhoi yn saff,
Ac alla' i ddim cofio ble.'
Aethpwyd ati i glandro, twmblo, chwilio, cribo'r lle â chrib mân.
Ofer pob chwilio.
Erbyn hyn roedd panig yn teyrnasu,
Pawb fel rhai gwallgof!
A'r gamp oedd celu'r colli oddi wrth y cariadfab.

Cadd rhywun y syniad mai da fyddai edrych yn y biben
A gariai'r dŵr o'r basin 'molchi.
Dirmygus a dilornus yr ymateb,
Ond gan eu bod yn barod i geisio unrhyw fan
Galwyd y plwmwr a chyda gofal crefftwr symudodd y cwbl.
Cafodd gudynnau o wallt wedi ceulo.
(Rhyfedd fod y dŵr yn llifo o gwbl.)
Trafodwyd pob cudyn yn ofalus,
Ac yn y plygion llochesai'r fodrwy,
Wedi ei gorchuddio â baw.
Glanhawyd hi, a llewyrchai eto.
Caent iasau wrth feddwl be allasai fod wedi digwydd;
Roedd wedi cychwyn ei siwrnai i'r system garthffosiaeth,
A chyn pen ychydig byddai gyda chelfi Cantre'r Gwaelod.
Ailosodwyd hi ar y bys gyda balchder a diolch,
A rhyddhad na wyddai'r cariadfab am y colli.
Ni fu swper fel swper y nos honno.
Roedd gorfoledd, roedd llawenhau,
Y colledig wedi'i adfer.
Ma 'na rywbeth arbennig yn y colledig a gafwyd, onid oes?
Onid dyna yw nefoedd?

Gweld o'r newydd

Deuddeg, yr un nifer yn gwmws â'r disgyblion.
Yn iau, mae'n siŵr, er nad oedd y rheiny'n hen.
Yn fwy cwrs na Phedr ar ei arwaf,
Ac fe allent, yn ddi-os, ddysgu tric neu ddau i Jiwdas.
Nid galwad a'u taflodd ynghyd,
Eithr gorfodaeth.
Gosodwyd gefnynnau am eu harddyrnau
A'u llwytho i'r Blac Maria.
Eu cyhuddo,
A'u carcharu am gyfnod.
Nid cwrdd ar draethau Môr Galilea a wnaem.
(Byddai awelyn oddi ar grychni'r llyn hwnnw
Yn iechyd.)
Cymylau o fwg sigarennau cartref,
A phob un yn cael pwff yn ei dro.
Rheg, rhyfyg a chabledd yn tasgu o'u genau,
A chyfres o ansoddeiriau piws yn hongian ar gysyllteiriau gwan,
A'u cyrff yr un mor lliwgar a llurguniedig â'u hiaith.
Heriol eu hagwedd at gyfraith a threfn
A sur eu perthynas â theulu a chymdeithas.
Eu casbethau yn y drefen hon:
Yr Heddlu . . . crwcs i gyd,
Athrawon . . . diddychymyg a phitw,
Y sgriws . . . rhai gwan, yn ceisio dangos yn eu gwisg eu bod yn gryf.
Gwaith? Ffyliaid sy'n gweithio!
Llygadai'r athro y ddaear anaddawol.
Gwelodd y tirwedd o'r blaen,
A'i gerdded fwy nag unwaith,
A'i gael yn anhydrin a chaled.

Eto, daliai i hau,
Er gwaetha'r talcen caled.
Oni soniodd yr Athro am heuwr yn mynd mas i hau?
  Syrthiodd ychydig ar fin y ffordd,
  ychydig ar greigleoedd,
  ychydig ymysg y drain.
Oes raid cael y cwbl yn yr unlle? Holodd yr athro.
Daeth yn amser gollwng, nid funud yn rhy fuan.
'Rhaid bod rhagluniaeth ddistaw . . . '
Yn ei ddisgwyl roedd llythyr â marc post Nairobi.
Jon yn adrodd hanes am ei swydd newydd gyda Chymdeithas y Beiblau
Yn yr Affrig.
Saith mlynedd yn ôl roedd Jon yn y dosbarth,
Yn jynci caled.
Dychwelodd yr athro at ei ddosbarth
Gydag awch newydd,
A gweld yr hyn na welodd ers tro —
Daear dda.
Ac ni all neb ddal ati heb weld hwnnw.
Y mae ymhobman;
Ei weld yw'r gamp.

Halen y ddaear

Un o gymeriadau'r fro oedd Wil Pys.
Cadd ei lysenw oherwydd ei gamp fel garddwr.
Dywedai ei fod yn dy adnabod Di yn dda,
Ni pheidiai â sôn amdanant.
Cymro i'r carn.
Daeth, fel llawer o'i gyfoedion,
O'r Gymru Gymraeg.
Daeth â darn mawr o honno gydag e.
Gwir iddo, ar dro, deimlo fel pelican yn yr anialwch,
Ond llwyddodd, trwy ryw ryfedd ras, i gadw'r anialwch o'i galon
Ac o'i gapel.
Daliodd yn ffyddlon i'w Beniel hyd y diwedd.
Magodd ei deulu yn deulu Cymraeg,
(Gyda chryn ymdrech a dirmyg weithiau).
Yr unig deulu Cymraeg yn y Cwm, bron.
Loes iddo oedd i Beniel droi'n Sisneg.
Ar ei waethaf ef y bu hynny.
'Wedi arfer wilia â thi yn Gwmrâg w,` medde fe.
Dioddefai'n ddrwg gan ddwst y glo.
Câi drafferth i symud.
Dyna a'i lladdodd yn y diwedd.
Nid oedd neb yn y Cwm yn amau nad i'r Nefoedd yr aeth.
Darn o'i nefoedd e.
Oddi yno penderfynodd ddod ar sgawt i'r Cwm.
Roedd y sôn am yr Ŵyl wedi cyrraedd y nefolion leoedd.
(Gwasanaeth hysbysebu'r Ŵyl yn fwy effeithlon nag a dybiwyd!)
Dychwelodd.
Ni allai gredu ei lygaid.
Amheuai ei fod yn ei henfro.
Dotiodd at wisg newydd y Cwm.

Doedd Joseff yn ei siaced fraith ddim mor lliwgar â hyn.
Aeth at ei hoff Beniel;
Ni allai ddychwelyd i'w henfro heb bicio i Beniel.
Siom arall.
(Y gyntaf oedd pan droes Peniel yn Sisneg.)
Nawr mae'r drws wedi cau,
Yr anialwch wedi lledu o'i gwmpas,
Y ffenestri'n deilchion
A'r Beibl Mawr, a roddodd er cof am ei wraig,
Yn sypyn llaith ynghanol y llanast.
Doedd ryfedd iddo alw'r tacsi ar unwaith
A dychwelyd i'w Nefoedd,
A'i weddi wrth fynd oedd:
'Faint o werth sy' mewn Gŵyl Erddi,
A'th Winllan Di yn anial?'

Nadolig wrth y Goeden

Parti arall drosodd. Llwyddiant, heb os. Dyna oedd eu hanes — y gwahoddedigion. Grŵp o bensiynwyr heb erioed fod y tu mewn i garchar o'r blaen. Cawsant y gwahoddiad yn ddoniol. Serch hynny, cafwyd cyfle i weld bywyd yr ochr draw i'r wal fawr. Gweithiodd y staff a rhai o'r carcharorion yn galed i baratoi. Trawsnewidiwyd yr ystafell a llanwyd hi ag addurniadau Nadolig, y cyfan i greu awyrgylch Nadoligaidd. Ynghanol yr ystafell roedd y goeden Nadolig fwya welais i a honno wedi ei gwisgo â phob math o addurniadau, a phresantau yn pingo arni. Wrth ei thraed roedd y crud a'r mab bach gyda'r bugeiliaid a'r doethion yn syllu'n syfrdan. Ym mhen pella'r ystafell roedd y byrddau'n gwegian o dan y mynydd o fwyd a diod. Cafodd pob un amser da, a rhai — rhy dda!

Pan gyrhaeddais y Swyddfa Addysg fore trannoeth synhwyrais mai trannoeth y drin oedd hi. Mewn sefyllfaoedd tebyg dysgais mai taw sydd piau hi. Siarad pan ofynnid cwestiwn yn unig. Wedi i'r Swyddog Addysg leibio cadwyn o *Cheroots*, meddai wrthyf,

'Does dim dosbarth i chi y bore 'ma.'

'Iawn.'

'Os nad oes ots gennych chi fe gewch arolygu grŵp o fechgyn i dacluso ar ôl y parti. Rhaid cadw popeth yn deidi ar gyfer y parti nesa. Cadwch eich llygaid arnyn nhw, dwylo blewog gan rai ohonynt. Gwnewch gyfrif manwl o bob un eitem.'

Clywodd y swyddog oedd ar ddyletswydd y gorchymyn a dyma fe'n troi i ddatgloi'r drws a gollwng ffrwd o garcharion trwodd.

'Dyna'ch *lot* chi, Syr; wyth o gyrff.' (Dyna sut y cyfeiriwyd at y carcharorion.)

'Diolch.' Ac i ffwrdd â ni at ein gwaith.

Cyn dechrau cawsom sbel i arolygu'r orchwyl a phenderfynu pwy oedd i wneud beth. Gafaelodd pob un yn ei waith gydag awch, a finne'n llygaid barcud i gyd yn gwylio pob symudiad.

Gwnaethant waith da.

Gadawyd y goeden hyd y diwedd. Roedd angen mwy nag un i'w stripio hi. Byddai gofyn cael ysgol i gyrraedd ei brig. Rhaid oedd gofalu na châi neb ddamwain. Dewiswyd yr ystwythaf i ddringo'r ysgol a chael gafael ar yr angel a chwifiai ei theyrnwialen yn frenhinol iawn ar y brig.

Galwais, 'Ara deg gyda'r angel 'na.'

A dyma'r ateb yn dod, 'Wyddwn i ddim fod angylion yn gwisgo blŵmars!'

Cawod o brotest, 'Jyst fel fe i godi ei sgert, gyda chriw *Rule 42* y dyle fe fod'.

Yna trodd ataf a gofyn,

'Gyf, 'ych chi'n credu mewn angylion?'

'Wrth gwrs fy mod i, smo ti 'te?'

Trodd at ei gydgarcharorion ac meddai,

'Wedes i wrthoch chi fod y bygyr ar gyffuriau!'

Corws o apeliadau wedyn, 'Oes sampls 'da chi? Gawn ni joint? Gawn ni sgôr?'

'Gyf, pryd o'ch chi ar y bag ddwetha?'

'Pam?'

'Pan o'n i'n arogli glud ro'n i weithiau'n cael y teimlad fod adenydd yn tyfu ar fy 'sgwyddau ac y gallwn hedfan. Wy'n credu i mi drio gwneud hynny hefyd!'

'*Ti* yn angel? Amhosibl!'

'Ro'n i'n arfer canu carolau . . . am arian. Wy'n credu 'mod i'n cofio un ohonyn nhw, *Ark the 'erald Hangels sing . . .*'

Ymunodd y lleill a chawsom bwt o ganu carolau digon twmpathog ac ansoniarus.

'Ble ma'r angel 'na? Byddwch yn dyner gyda hi,' gorchmynnais gyda phob gronyn o awdurdod a roddwyd i mi.

'Gyf, smo i wedi trafod angel o'r bla'n,' gan ei gwasgu at ei foch, meddai,

'Ma' hi'n lyfli, yn dyner, yn lân, yn bur. Mae hi'n fy atgoffa i o fy merch pan oedd honno'n fabi.' Anwylodd hi am ysbaid.

'Ga' i weud rhywbeth wrthoch chi? Byddai eich fory chi yn wahanol iawn pe caech eich cyffwrdd gan angel.'

'Am be ddiawl ma' fe'n sôn nawr?'

Ac meddai un ohonyn nhw yn eithaf sinigaidd,

'Cleber pregethwr. Clap-trap diystyr. 'Sgusodwch fi, Gyf, *bullshit*.'

Gwnaethant waith da. Daeth y carcharor a weithiai fel gwas bach â phaned o de i mi i'r adran. Cawn un o hyd ganddo. Anfonais e yn ôl i'r Swyddfa i geisio gan y Swyddog Addysg anfon paned i bob un a wnaeth fy nghynorthwyo â'r addurniadau. Teimlwn eu bod yn haeddu cydnabyddiaeth. Wedi'r cwbl, roedd hi'n Nadolig, adeg ewyllys da. Gwyddwn fy mod yn gofyn iddo blygu'r rheolau. Gyda hyn dyma lond hambwrdd o baneidiau o de yn cyrraedd. Ro'n i'n falch; yn falch bod y Swyddog Addysg yn ddynol mewn sefydliad oedd mor annynol.

Fe 'steddon ni'n gylch o gwmpas y goeden Nadolig yn hamddenol sipian ein te deg. Dyma ddechrau sgwrsio,

'Pe baech chi mas y Dolig hwn, shwt byddech chi'n treulio'r dydd?' gofynnais iddynt.

Corws o atebion cytûn,

'Meddwad, llond croen, dim un goes oddi tanaf. Falle y byddwn i ar drip . . '

''Ych chi o ddifri?'

'Smo i'n cofio'r un Nadolig ers blynydde a does dim lle i gredu y bydde hwn yn wahanol.'

Meddai un arall, 'Dyma'r amser gwaetha i fod mewn carchar. Ry'ch chi'n gweld isie'r plant a cholli cwcio'r wraig. Allwch chi feddwl am wa'th dechre i ddydd Nadolig na chael eich galw gan sgriw i fynd â'ch carthion i'r tŷ bach? Digon i droi eich pwdin Nadolig yn wyrdd.'

Gan fod y crud a'r baban wrth f'ymyl,

'Pam ma' hwn fan hyn? Oes gydag e rywbeth i'w wneud â'r Nadolig?' gofynnais.

'Rwtsh plant bach. Smo chi'n credu pethe fel'na ar ôl tyfu lan? Weda i wrthoch chi, mae'r siope yn neud yn iawn mas o'r babi 'na. Un swindl fawr yw'r lot. Ry'n ni i mewn fan hyn am lai o beth na'r twyll maen nhw'n euog ohono fe. Ond 'na fe, os ddwgwch chi lot fe allwch ddianc yn groeniach. Byd cam fel'na yw e.'

Dyma un arall yn rhoi ei big i mewn,

'Weda' i wrthoch chi, Gyf, hoffwn i gael cyfeiriad y gwŷr doeth. Bydde fe'n werth chweil mynd i'w tai nhw. Allwn i neud y tro yn iawn â chwpwl o fariau aur!'

Trodd un arall ataf,

''Ych chi'n credu ynddo fe?'

'Odw . . . odw . . . yn credu'n gryf.'

'Yffach, wedes i wrthoch chi nad yw'r boi 'ma wedi bod i ben draw'r ffwrn.'

'Na, na, fe allwch chi neud y sbort a fynnoch, rwy'n dal i gredu ynddo fe.'

Yna gofynnais,

'Oes rhai ohonoch wedi gwneud rhywbeth â cheir?'

Chwerthin afreolus.

'Wedi dwgid cwpwl yn f'amser. Wy 'ma am y drosedd 'na. Ce's f'erlid gan y *fuzz* a bu bron imi ddianc. Moch.'

'Na, na, yr hyn sy' gen i yw, oes rhai ohonoch chi yn fecanics?'

'Oes, fe ge's i rai blynyddoedd o brentisiaeth,' meddai sawl un.

'Be gythrel sy' gyda cheir i neud â'r baban yn y crud?'

'Popeth,' atebais. 'Fel mecanics ry'ch chi'n mynd â char i'r garej i'w drwsio er mwyn ei roi yn ôl ar y ffordd.'

'Tynnu tolce mas o fangyrs o'dd 'y ngwaith i,' meddai un.

'Gair da yw hwnna,' meddwn, 'tynnu tolce o hen fangyrs.'

'Diawl, dyna beth 'yn ni, Gyf, wedi ein gollwng ar domen y dre, wedi ein gwrthod, yma'n pydru a rhwdu.'

'Pam 'ych chi 'ma?'

'Polîs wedi dweud celwydde, rhywun wedi clapian amdanom . . . wedi ein dal.'

Codais y baban yn y preseb yn araf a gofalus ac meddwn yn dawel,

'Fe alle hwn eich trwsio.'

Cawodydd o chwerthin a dirmyg.

'Roedd 'na foi yn ei hardal ni, Dai Haleliwia, dyna fel y'i adwaenid,' meddai un ohonynt. 'Roedd e wedi bod mewn carchar fwy nag unwaith. Tipyn o foi yn ei ddydd, yn ôl yr hanes. Ond fe dda'th rhywbeth drosto fe. Fe newidiodd. Ma' fe'n ddyn gwahanol, wir Dduw ichi bois, ma fe'n ddyn newydd.'

''Na ni,' meddwn i, 'dyna oedd gen i mewn golwg. Ry'ch chi yn mynd â'r car i'r garej i'w drwsio. Mae'r Eglwys 'na i neud hynny.'

'Gyf, ddylech chi weld yr eglwys yn ein hardal ni, alle'r rheiny ddim cwiro beic heb sôn am gar. Pathetig.'

'Mae'r diawl yn pregethu 'to' meddai un ohonynt, 'ond ma' gen i'r teimlad yn f'esgyrn ei fod e'n weddol agos ati.'

Dyma'r Swyddog yn agor y drws ac yn eu galw yn ôl i'w celloedd. Cymanfa o brotest.

'Pum munud arall . . . Ry'n ni'n cael hwyl.'

'Dim rhagor. DEWCH!'

'Jyst fel fe i darfu ar ein hwyl, ac yn wa'th na dim, ma' fe yn cael pleser wrth neud hynny.'

Ysgydwais law â phob un a dymuno Nadolig Llawen iddynt.

Ac meddai'r olaf wrthyf,

'Nadolig Llawen i chi a'ch teulu, Gyf. Ond gwedwch wrtho' i, pwy all fod yn llawen yn uffern?'

Ŵy Pasg

Mae pedwar o gywion bach yn ein tŷ ni. Smo i'n tynnu eich coes. Mae'n eithaf gwir. Cystal egluro cyn i rywrai ohonoch dybio fy mod wedi ailafael yn fy hen alwedigaeth amaethyddol. Fy ngwraig, sy'n athrawes yn un o ysgolion Cwmrâg y ddinas gadd y syniad mai peth da fydde llogi deorfa fechan o fferm y ddinas, a dod â hi i'r dosbarth fel bo plant y dre yn cael profiad o weld cywion bach yn dod lawr. Bu'r arbrawf yn llwyddiant digamsyniol a'r plant wedi rhyfeddu at wyrth gweld bywyd yn torri trwy'r plisgyn. Ni ellid eu gadael yn yr ysgol i fwrw'r Sul, felly dyma ddod â nhw i'n tŷ ni. Gosodwyd y bocs a'i gynnwys yn fy stydi i, ac mae'r sinig yn barod i ddweud mai dyna'r peth mwyaf lliwgar a bywiog i ddod o'r fan honno ers tro! Ond bu eu cael yn ysbrydiaeth. Odych chi wedi cael ŵy Pasg 'leni? Maen nhw'n llenwi silffoedd y siopau. Smo nhw yr un fath ag yr oedden nhw, neu dyna fy marn i. Pan oeddwn i'n grwt byddem yn cael wye Pasg gyda chyw bach melyn ynddynt. Un gwneud, bid siŵr, er hynny roedd ei neges yn glir. Wye Pasg heb gywion a gawn bellach. Erbyn meddwl, falle bod 'na ddameg fan'na o'n Pasg seciwlar, materol ni. Tynnu ohono y peth sy'n rhoi ystyr i'r Pasg. Dileu awgrym y bywyd newydd. Bodloni ar y siocled yn unig. Wye clwc yw pethe felly.

Mae'n syndod pa mor eang yw'r arferion ynglŷn ag wye'r Pasg. Mae cyn-guradur Sain Ffagan, Trefor M. Owen, yn sôn yn ei lyfr ar arferion gwerin am yr arfer o glapio wye Pasg yn yr hen Sir Gaernarfon a chlapian wye yn Sir Fôn hefyd ac adrodd y rhigwm:

'Clap, clap, gofyn ŵy i hogia bach ar y plwy.'

Noda hefyd ei bod hi'n arfer yn Sir Ddinbych i'r gweision ffermydd gael ŵy i frecwast ar fore Sul y Pasg. O'r dyddiau cynnar mae'r ŵy wedi bod yn symbol o ffrwythlondeb a bywyd newydd. I'r pagan mae'r adfywio sy'n digwydd yn y gwanwyn yn cael ei ddangos yn yr hyn sy'n digwydd i'r ŵy ac i'r Cristnogion mae'n ddameg o'r Atgyfodiad. Gwyrth y bywyd newydd sy'n byrstio o'r plisgyn ac yn trechu pob gelyn y sydd. Cofiaf yn dda y gofal a gymerai 'nhad wrth roi wye o dan yr ŵydd i ori. Rhaid oedd ymgynghori ag

Almanac y Miloedd yn gyntaf i gael gweld ble oedd y lleuad arni. Ni châi yr un ŵydd iste oni bai bod yr wye yn deor pan oedd y lleuad ar ei chryfder. Golygai lleuad felly gywion gwrol. Hyd yma does neb wedi fy argyhoeddi nad oedd e'n iawn. Roedd e'n gywir gymaint o weithiau. Rhyw rymusterau yn y greadigaeth yn cynorthwyo y cyw i ddod o'i gaethiwed. Mae Martin Luther King wedi pwysleisio yr un neges i'w gyd-negroaid. 'Cofiwch,' meddai, 'fod pwyse'r greadigaeth 'ma o blaid y gwir, y cyfiawn a'r da. Ni allant ond llwyddo yn y pen draw.' Yn Iwgoslafia, gwlad sy' mewn helynt y dyddiau hyn, maen nhw'n rhoi dwy lythyren ar yr wye adeg y Pasg: X a V, a'u hystyr yw Christos Vakrese — 'Yn wir, Crist a gyfododd'. A dyna neges y Pasg i ni mewn ŵy, mae 'na nerth ar waith sy'n codi'r eiddil yn goncwerwr mawr. Fe'i gwelwyd ar fore'r trydydd dydd. Ce's bregeth a bendith yng nghwmni'r pedwar cyw bach yn fy stydi.

Fideo

Mae 'na beiriant yn ein tŷ ni; yn ôl a glywaf ceir un tebyg mewn llawer o gartrefi. Un bach yw e, ond un bach gwyrthiol. Ei gampau technegol yn creu synnu fyth ar synnu. Cyfeirio ydw i at y fideo. Ar ei wyneb ceir cyfres o fotymau. O'u gwasgu cewch nifer dda o ddewisiadau. Gallaf wylio rhaglen ar un sianel a recordio rhaglen sy'n cyd-ddigwydd ar sianel arall. Neu os byddwn ni'n mynd mas ac am weld rhaglen arbennig, wel, dim ond gwasgu'r botymau priodol a bydd yno yn ein disgwyl pan ddown yn ein holau. Yn wir, gellir porthi gwybodaeth am fwy nag un rhaglen a hynny dros gyfnod o wythnos. Mae galluoedd cyfrifiadurol y peiriant yn rhyfeddod. Mae un ddawn ganddo sy'n fy ngwneud yn gwbl eiddigeddus. Tair llythyren sy' ar y botwm. Maent yno mewn prif lythrennau — *REW* (yr hyn o'i drosi yw *Rewind*). Gydag eich bod yn pwyso'r botwm fe ddychwel y tâp ar garlam i'r dechrau, neu i fan o'ch dewis. Wrth gwrs, mae 'na fotwm arall gyda dwy brif lythyren arall — *FF (Fast Forward)*. Chyffyrddaf i mo hwnnw, mae bywyd yn mynd yn rhy gyflym fel ag y mae hi. Pwyso botwm y *Rewind* sy'n apelio ataf i, ond yn fwy gwyrthiol na'r dadweindio yw ei fod yn glanhau y tâp yn lân, a gallwch ailgychwyn gyda thâp heb arno gysgod o'r hyn a fu. Rydw i wedi chwilio ers blynydde am fotwm a allai fy nghyrru i yn ôl i'r dechrau, ond ys dywedai Mam, 'Sdim isie i ti gabarddyli dy ben. Ni phlannwyd y cyfryw fotwm yn ein bioleg'. 'Na beth od, mae 'na emynau sy'n mynnu canu yn fy ngho' y funud hon; sôn ma' un am 'Glirio llyfre'r nef yn llawn', a'r llall, 'Fe dalodd ein holl ddyled', ac un arall, 'Mi dafla' 'maich oddi ar fy ngwar'. 'Na beth mawr yw rhywun yn clirio'ch dyledion, glanhau'r tâp yn lân a dechrau eto.

Mae 'na fotwm arall sy'n apelio'n fawr ataf. Dau air sy' arno — *Pause* a *Still*. Rhewi llun a'i ddal am ysbaid i'w weld yn iawn a blasu ei gynnwys. Oes, ma' profiadau yr hoffem ni eu rhewi, eu dal am sbel go lew i'w hanwesu a'u hanwylo. Ond chawn ni ddim; cerdded yn ei flaen wna bywyd. Trwy drugaredd rhoddwyd i ni gof i drysori rhai profiadau ac mae un o'r beirdd

Saesneg wedi dweud bod y Bod Mowr wedi rhoi inni atgofion fel y gallwn gasglu rhosynnau yn Rhagfyr.

Mae 'na un botwm na fydda i fyth yn debyg o'i gyffwrdd, er y gwn i am rai sy' wedi gwneud hynny a'n gadael i bendroni be dda'th drostynt i fentro gwneud y cyfryw beth. 'Duw biau edau bywyd, a'r hawl i fesur ei hyd', ond *Stop* yw un o'r botymau. Heddiw, diolch i'r drefn, mae wedi pwyso botwm arall — *Play*, ac mae'r tâp yn cerdded. Fe wasgodd hefyd y *Record*; 'na fraint yw gallu cofio, a dyna beth diflas yw'r tâp yn chwarae a dim yn cael ei argraffu arno. Ydi, erbyn meddwl, mae'r fideo a'i ddewisiadau yn ddarlun o fywyd, ac er gwyched y peiriant bach, gwychach a mwy rhyfeddol yw bywyd ei hun. Rhodd enbyd yw bywyd i bawb.

Lluniau

Rwy'n cofio pan own i'n fyfyriwr yn y pedwardegau fynd i bregethu i daith Ponterwyd, ac ar dro rhaid oedd mynd i fferm Nantymoch yn y prynhawn. Byddai tacsi yn ein cario yno a da y cofiaf un mis Ebrill. Roedd llethrau Pumlumon yn noeth. Gallech chwipio chwain arnynt, ond roedd ŵyn bach ym mhobman. Adeg codi ŵyn oedd hi ar y mynydd a phan gyrhaeddais gapel Nantymoch, cerddais drwy bwt o fynwent at ddrws y capel. Ychydig o feddau oedd yno a defaid lond y lle. Ar un o'r beddau roedd dafad newydd fwrw oen ac yr oedd hi wrthi'n brysur yn ei lyfu, a'r peth bach yn bywiogi ac ymystwyrian a cheisio cael hyd i'w draed. Ni allwn lai na rhyfeddu; dameg yn wir, os bu un erioed — genedigaeth mewn mynwent. Un yn cychwyn ar ei daith yn y fan ble mae pob un arall yn ei gorffen. Roedd hi'n brynhawn yr atgyfodiad yno!

Os da y cofiaf, ce's bregeth yn y fynwent ac fe'i thraddodais yng nghegin John a Jim James a ffermiai Nantymoch. Dyna oedd yr arfer; yn ystod misoedd y gaeaf ni chynhelid oedfa yn y capel, dim ond ar aelwyd y ddau frawd. Digon o fawn gyda nhw i borthi ffwrnesi uffern a gallech fod yn siŵr y byddai yno danllwyth croesawgar ynghyd â phryd o fwyd i bawb i ddilyn. Aelwyd felly oedd aelwyd Nantymoch. Ychydig feddyliais i y prynhawn hwnnw wrth weld yr oen yn cymryd ei gamau cyntaf yn y fynwent y byddai'r rhai oedd yno'n huno yn cael eu symud ymhen ychydig a'u hail gladdu er mwyn boddi'r capel. Af weithiau heibio i'r gronfa tuag at Dal-y-bont, ond nid oes yno ddim ond dŵr a physgotwyr. Mae gen i lun o Nantymoch wedi ei baentio gan Beryl Roberts, Aberdâr. Ymwelodd â Nantymoch ychydig cyn i'r lle gael ei foddi a bid siŵr iddi hithau gael croeso gan John a Jim. Er bod y lle bellach dan y dŵr, mae'r llun ar y wal yn peri i glychau ganu. Mae'n drysor a chredaf ei fod yn unigryw; y mae i mi, heb os.

Mae yma dri llun o Landdewibrefi, o Eglwys Dewi Sant yn benodol. Pan gyrhaeddais i'r pentref hwnnw yn 1975 roedd yno ficer anghyffredin, a dweud y lleiaf. Y Parchedig Ddr Moelwyn Merchant. Bu'n athro Saesneg yn Exeter ond ymddeolodd yn gynnar a dod i weinidogaethu ym mro Dewi

Sant. Soniais fy mod wedi casglu rhai lluniau a'u gosod ar wal fy lolfa; dylech fod wedi gweld y casgliad oedd gan Moelwyn yn y ficerdy, ac nid printiadau, fel sy' gen i, ond lluniau gwreiddiol, gwerthfawr. Roedd mynd yno fel mynd i Oriel Tate neu'r Amgueddfa yng Nghaerdydd. Ond y peth mwyaf gwerthfawr oedd cael eich tywys o lun i lun gan Moelwyn. Roedd yn hyddysg iawn ac mae'r cyfan a wn i am luniau i'w briodoli i'r cwarter o ysgol a ge's yn ficerdy Llanddewi Brefi. Erys rhai ohonynt yn y co'; cyfres o luniau bach — sgetsus a wnaeth Graham Sutherland pan oedd yn chwilio am yr union ddrain i'w rhoi yng nghoron Iesu ar ei dapestri enwog sy'n crogi yn yr eglwys gadeiriol yng Nghofentri. Roedd gan Sutherland fwthyn yn Ne Penfro, ac fel arwydd o'i ddiolch i'r rhan yna o Ddyfed, cyflwynodd swm da o'i waith yn anrheg i'r sir ac fe ellir eu gweld yng nghastell Pictwn. Cerddodd lawer i chwilio am ddrain addas ac wrth sylwi ar y gwahanol ddrain gwnâi lun yn ei lyfr nodiadau. Tynnodd rai cannoedd o'r rhain hyd nes iddo ryw ddiwrnod daro ar glwstwr o ddrain bras, drain duon mae'n debyg, gyda phigau blaenllym. Unwaith y trawodd ei lygaid arnynt gwyddai mai'r rheiny oedd yr union rai y bu'n chwilio amdanynt. Pan fyddwch yn syllu ar y tapestri enwog yn yr eglwys yng Nghofentri, cofiwch mai drain o Sir Benfro sydd yng nghoron Crist, drain a dyfwyd yng Nghymru!

Prynodd Moelwyn amryw o'r lluniau o lyfr sgrap Sutherland a'u fframio, a rhaid cyfaddef eu bod yn gyfareddol. Roedd yno ddarn o gerflunwaith modern gan Barbara Hepworth a oedd yn werthfawr iawn. Cafodd Moelwyn hwnnw yn anrheg ganddi a phan ddaeth hi i'w diwedd trist, Moelwyn a wahoddwyd i'w chladdu. Roedd Moelwyn ei hun yn gryn grochenydd a chyffredin oedd ei weld yn ei frat gwyn yn tanio rhyw ddarn neu'i gilydd yn ei weithdy. Yn ystod ei gyfnod yno fe gynhaliodd nifer o wyliau uchel-ael, gwyliau i gyflwyno i gefn gwlad waith meistri'r byd. Mi wn nad oedd y syniad yn gwbl dderbyniol gan y werinos, ond tybiai ef (a phwy a all amau ei amcan?) y gwnâi gweld a chlywed y gorau les mawr i chwaeth pobl. Darparai raglen chwaethus iawn a chomisiynai artist o fri i gynllunio'r clawr, a dyna yw'r lluniau sy' gen i; clawr y rhaglenni a ddarparodd Moelwyn ar gyfer Gŵyl Gelfyddyd Llanddewibrefi. Mae un ohonynt gan Kyffin Williams a'r llall gan John Piper. Eto, y maent yn fwy na lluniau ar gloriau; mae Moelwyn gynhyrfus, ddadleugar ynddynt. Cymeriad lliwgar os bu un erioed, ac er na allwn i gytuno ag ef ar sawl mater, dysgais fwy ganddo na chan neb arall. Pob tro y gwelaf y lluniau o Eglwys Dewi Sant, Llanddewibrefi, diolchaf am i mi, trwy ryw ryfedd ragluniaeth, gael adnabod y ficer arbennig hwn. Cyfoethogodd fy mywyd a daliaf i ymhyfrydu yng ngwaith yr artistiaid a gwrddais wyneb yn wyneb neu ar y wal yn y ficerdy ym mhentref Dewi Sant. Pan gewch chi gymeriad fel Moelwyn yn eich lolfa, fe gewch chi fwy na llond llaw! Mae'r cwmwl tystion yn brofiad byw iawn i mi drwy'r lluniau sydd o fy nghwmpas.

L J Thomas

Mae rhipin bach diogel o'r Bompren i Lwynpiod. Isie ceffyl da ar ei goler i ddringo lan tuag at Gaerlwyd. Llawer tro y'i gwelais yn ei got ddu â bwndel bach o lyfrau yn ei law, wedi sefyll i gael ei wynt ato. Stopio'r car a'i gyfarch. 'Fachgen roeddech chi yn sôn yn eich pregeth am . . . fe gofies'. A dyna fflodiart ei atgofion yn gollwng ffrydlif o'r profiadau a gafodd. A dyna ichi stôr o atgofion a phrofiadau oedd gydag e. Ond 'nôl at y gŵr byr, stocyn bach cadarn y gallech yn hawdd gymryd mai'r pregethwr yn cerdded o Flaenpennal i gynnal oedfa yn Llwynpiod oedd yno. Fyddech chi ddim ymhell o'ch lle, ond eto ymhell iawn. Oedd, yr oedd yn bregethwr. Yn weinidog ordeiniedig gyda'r Annibynwyr. Rhyw un mlynedd ar ddeg y bu mewn gofalaethau. Beth bynnag, gwell dechre yn y dechre.

Lewis John Thomas, brodor o Gwmaman, Aberdâr. Roedd e yr un oed â'r ganrif, felly fe'i codwyd mewn Cwmaman gwahanol i'r hyn sy' yno nawr. Bywiog, Cymreig, capelol, egni a chynnwrf yn y cwm. Fe ddaeth ryw noson i Landdewibrefi i sôn am ei wreiddiau. Bu gwaith cocso. Ni fynnai sôn amdano'i hun. 'Na ichi noson a gafwyd, hwn yn ail greu y Cwmaman a adnabu ac yn cydnabod ei ddyled i'w deulu a chymeriade gwerinol y pwll glo. Hawdd oedd gweld mai un o'i arwyr oedd E J Owen, y gŵr o Dal-y-bont, Sir Aberteifi, a phregethwr grymus yn ei ddydd. Aeth i Salem, Caernarfon wedi hynny. Ond roedd e ac L J yn ifanc gyda'i gilydd yn y cwm a gafaelodd y llanc o Geredigion yn enaid a meddwl y crwt o'r gweithie. Fel llawer un arall aeth i'r weinidogaeth. Dyna un o'r drysau y cerddai llanciau disglair trwyddo ar y pryd. Aeth i Fangor; os da y cofiaf credaf fod gan John Morgan Jones rywbeth i'w wneud â hynny. E J Owen wedi ei gyflwyno iddo pan oedd yn pregethu tua Aberdâr, a hwnnw yn ei ddenu i Fangor. Daeth yn llywydd y myfyrwyr yno, dilyn y Parchedig J E Meredith M.A., Aberystwyth. Er mai ei gymhwyso ei hun ar gyfer y pulpud yr oedd, yn nwfn ei enaid roedd y gyfraith yn galw. Âi i lysoedd yn gyson. Ac yntau mewn dosbarth ym Mala-Bangor a John Morgan Jones yn darlithio (un o'i arwyr oedd hwnnw) roedd hi'n amlwg i'r athro fod L J ar drywydd rhywbeth arall,

34

ac meddai y darlithydd wrtho, 'L J dydych chi ddim gyda ni odych chi?'
Tybed a oedd yr athro yn sylweddoli ystyr ei gwestiwn? Wedi gadael Bangor
mynd i eglwys Saesneg gyda'r Annibynwyr yn Johnstown, a phriodi ymhen
tipyn y ferch o'r Port a gwrddodd yn y coleg. Bu L J ac Ann yn bâr hapus am
bum mlynedd a deugain. Symud o Johnstown i Little Lever gerllaw Bolton,
eglwys Saesneg eto, a hynny ynghanol blynyddoedd y dirwasgiad. Yn y
cyfnod yma fe'i derbyniwyd gan ddau frawd ym Manceinion fel
cyw-gyfreithiwr. Iddewon oeddynt. Siaradai lawer amdanynt, un yn
gyfreithiwr a'r llall yn fargyfreithiwr. Trwyddynt cafodd olwg o'r tu fewn ar
yr Iddewon ac Iddewiaeth, a byddai bob amser yn achub cam yr Iddew.
Ddwy flynedd yn ôl fe'i perswadiwyd i holi'r pwnc mewn cymanfa bwnc yn
Nhregaron, a'r maes oedd y Salmau. Gwyddwn ei fod wedi cael blwyddyn
gyfoethog yn astudio'r rheiny gyda'i ddosbarth Ysgol Sul yn Llwynpiod. Go
brin y gall neb a oedd yn y cwrdd y prynhawn hwnnw anghofio'r profiad.
Ddywedwn i ddim ei fod wedi cael llawer o atebion — fe oedd yn gofyn y
cwestiynau a'u hateb. Ond pa wahaniaeth? Onid oedd cyfoeth yn diferu o'i
enau a'i ddwylo? Yn wir, tybiasom ar dro mai Rabbi Iddewig oedd yn y
pulpud hen gorffaidd. Wrth gwrs, does dim dwywaith nad oedd yn nyled y
ddau frawd o Fanceinion. Câi fynd a dod i'r swyddfa fel y mynnai.
Gwyddent fod bagad gofalon bugail ar ei ysgwyddau, a buont yn ystyriol
iawn gyda'r telerau ariannol. Ac yntau o fewn golwg ennill y cymwysterau
fel cyfreithiwr, derbyniodd swydd fel cynorthwydd cyfreithiol yn Neuadd y
Dre, West Hartlepool. Wedi ennill ei dystysgrif cyfreithiwr symudodd i fod
yn ddirprwy gyfreithiwr Cyngor Tre Chiswick yn Llundain. Roedd ynghanol
pethau mawr. Natsïaeth yn codi ei ben haerllug yn yr Almaen. Yntau'n
ymddiddori yn y digwyddiadau gwleidyddol ac yn annerch grwpiau ar fater-
ion y dydd. Symudodd eto i fod yn ddirprwy glerc Cyngor Tref Swindon,
cam go fawr o ofalu am eglwys Saesneg Johnstown a hynny mewn cyfnod o
ryw ddeng mlynedd. Un diwrnod daeth galwad o'r Swyddfa Dramor.
Adroddodd am yr alwad yna fwy nag unwaith, ryw Syr neu'i gilydd isie ei
weld. Crynai yn ei socs, ofnai ei fod wedi tramgwyddo am rywbeth.
Cadwodd yr oed a gwahoddiad a gafodd i fynd fel Barnwr o dan y *Control
Commission* i'r Almaen ar ddiwedd y rhyfel. Roedd y gŵr a'i gwahoddodd
wedi ei glywed yn darlithio ac wedi rhoi ei enw yn y llyfr bach! Aethant fel
teulu i'r Almaen i Recklinghaussen yn y Ruhr. Yno roedd gwersyll yn llawn
o garcharorion, rhai a fu â chysylltiad, digon diniwed rai ohonynt, â
Natsïaeth, a'i waith ef oedd mynd drwy ffeiliau y rhain a phenderfynu be i'w
wneud â hwy. Ac ar y rhipin o dan Gaerlwyd ryw Sul medde fe:
'Roeddech chi'n sôn am Ddenmarc y bore 'ma fe gofies. Daeth dau o'r
Daniaid ataf i'r gwersyll. Holi am rywrai. Isie eu cael ar unwaith. "Ond
allwch chi ddim, mae miloedd yma," ddwedes i, "amhosibl dod o hyd
iddynt ar fyrder."

"Wnewch chi edrych, Syr, licen ni eu cael."

"Pam?"

"Fe fuon nhw'n gyfrifol am ddarn o'n gwlad ni ac fe fuon nhw'n greulon iawn."

"Os rho' i nhw i chi be newch chi â nhw, gân' nhw degwch a threial?"

Ar hynny dyma un ohonyn nhw yn rhoi ei law yn nyfnder ei gôt fawr a dangos ffroen rifolfyr i mi. "Unwaith y byddwn ni dros y ffin ac ar dir ein gwlad, hwn yw'r tegwch".'

Aeth L J i'r Ysgol Sul a finne i'r oedfa ddau i Flaenpennal, ond fel L J yn y dosbarth ym Mangor, mae arna' i ofn nad oeddwn inne yno chwaith! Roeddwn i'n gweld y gwn o hyd.

Symudodd y teulu o Recklinghaussen i Cologne. Yn yr un swyddfa ag e roedd gŵr y daeth pawb ohonom i'w nabod yn ddiweddarach, sef Konrad Adenauer. Gwelai L J y maer, oherwydd rwy'n credu fy mod yn iawn roedd yn faer Cologne, ar y pryd. Yn y swyddfa hon roedd llawer o *top secrets* a rhybuddid pawb i gadw pob cyfrinach. Ond er pob rhybuddio llwyddai y wasg i gael hyd i'r cyfrinachau mwyaf cyfrinachol. Pwy oedd yn eu gollwng? O'r diwedd fe ddaethpwyd i'r casgliad mai'r maer oedd y mwyaf tebygol, a daeth un o uchel swyddogion y fyddin Brydeinig o Bonn i roi'r maer ar y carped. Aeth L J gydag e a dyna lle'r oedd Adenauer, gŵr cyhyrog, sgwydde llydan, clamp o gorff, a'r swyddog yn gorach yn ei ymyl, ac L J ond ychydig o fodfeddi gyda phum troedfedd, ond y maer yn cael ei roi yn ei le a'i droi o'r swyddfa. L J yn wherthin yn braf.

'Bachan, mewn 'chydig o dro fe oedd canghellor yr Almaen.' Dangos y drws i un yr oedd drysau lawer i agoryd iddo yn fuan. Yn ystod y cyfnod yna fe'i gwahoddwyd i gael sgwrs breifat â'r Pab ac fe aeth e a'r ferch o'r Port, a'i fab, Ned, i'r Fatican. Sbel o ffordd o gapel yr Annibynwyr Saesneg yn Johnstown a does ryfedd i John Morgan Jones ddweud, 'L J, dydych chi ddim gyda ni!' Mae'r pellter rhwng Bala-Bangor a'r Fatican yn enbyd o fawr!

Wedi'r cyfnod yn yr Almaen dychwelodd a phrynu fferm fach ym Mhennal, er na fu e'n ffermio, ond yno y bu Mrs Thomas a Ned, ac yn y cyfnod hwn yr âi Ned i Ysgol Machynlleth. Ond i swydd yr aeth L J fel cyfreithiwr i fwrdd ysbytai Sheffield. Dyma gyfnod sefydlu y gwasanaeth iechyd a rhoi y byrddau ysbytai ar sylfeini sicr. Ond yn 1958 derbyniodd wahoddiad i fynd i sefylu adran y gyfraith ym Mhrifysgol Kumasi yn Ghana. Bu yno am bedair blynedd. Daeth i 'nabod Nkrumah, prif weinidog cynta'r wlad, yn dda, a'i olynydd, y Dr Busia. Fe'i gwahoddwyd un tro i annerch y gwahangleifion mewn leprosariwm. Addawodd. Galwodd rhywun amdano yn blygeiniol a buont yn teithio am oriau. Dim sôn am gyrraedd. O'r diwedd roeddynt ar gyrion rhyw goedwig a llwybr yn arwain at y leprosariwm. O bell clywai ganu, ni allai goelio ei glustiau, tôn Gymraeg gyfarwydd, a phan gyrhaeddodd roedd wyth gant o wahangleifion yn disgwyl am air gydag e. Y meddyg a ofalai am y lle a drefnodd fod tôn Gymraeg i'w chanu oherwydd gwyddai mai Cymro oedd L J.

'Teg edrych tuag adref'. Wedi teithio, wedi profi bywyd mewn sawl gwlad a chael profiadau cyfoethog, dychwelodd i Gymru. Bu am gyfnod yng Nghlunderwen ac yn aelod ym Mhisga, Llandysilio, gyda'r Parchedig Ieuan Davies. Yna daeth i Aberarth. Yno fe'i dewiswyd yn flaenor gyda'r Hen Gorff. Bellach roedd ei fab, Ned, a'i deulu wedi dod i fyw i ardal Llwynpiod, gan fod Ned yn ddarlithydd mewn Saesneg yn y Brifysgol yn Aberystwyth. Addaswyd un o'r tai mas yn Nhynant a'i droi'n fwthyn; yno y daeth L J a'i briod i dreulio eu blynyddoedd olaf. Wedi iddo ddod i Dynant y ce's i'r fraint fawr o'i dderbyn fel aelod i Lwynpiod. Buan yr enillodd ei blwy'. Ymunai ym mhopeth a phan fyddai bwlch ar y Sul byddai'n barod i gynnal oedfa, ond gyda'r rhybudd pendant, 'Pidwch â dweud mai fi a'i cymrodd'.

Dyna ni, L J, mab i goliyr.

Y Fwyell a'r Glasgoed

Mae gen i gyfaill sy' â diddordeb ysol yn y cyfnod cynnar hwnnw pryd y siaredid y Gymraeg yng ngorllewin yr Alban. Erys digon o dystiolaeth, medde fe, i ddangos bod olion y Gymraeg yno o hyd. Glasgoed yw Glasgow, Ystrad Clwyd yw Strathclyde, Moelros yw Melrose, i nodi ond ychydig mas o lawer. Symudwyd y Celtiaid cynnar i gyfeiriad Cymru. Y Rhufeiniaid a wnaeth hyn. Beth bynnag a ddigwyddodd ddoe ac echdoe a chyn hynny, mae'n hen hanes bellach. Deil ambell i Albanwr i adael Glasgoed am Gymru. 'Chydig yn siŵr.

Un ohonynt oedd John Rogerson a'i deulu. Albanwyr go iawn gydag acen unigryw Glasgoed yn drwch fel marmalêd ar dost ar eu lleferydd. Roedd John yn aelod o'r S.N.P. ac yn ymfalchïo yn llwyddiant ysgubol Jim Sillars yn Govan. Gweithio ar y rheilffordd wnâi ei dad. Disgynnodd bwyell Beeching arno a bu raid iddo symud fwy nag unwaith. Cyrhaeddodd Glasgoed pan oedd John yn ddeg oed. 'Chydig feddyliodd y mab y byddai tu min y fwyell yn disgyn arno yntau, ond roedd hynny ymhell i'r dyfodol. Aeth i'r brifysgol yng Nglasgoed a thra'n fyfyriwr gwelodd y gallai brynu fflat yn un o ardaloedd tlawd Glasgoed a thalu llog y morgais o'i grant. Byddai hynny'n rhatach na thalu rhent am lety. Oherwydd ei fod yn berchen eiddo dechreuodd gymryd diddordeb yn nhrafferthion rhai fel fe a bu'n ymgyrchu'n galed dros hawliau tenantiaid. Y cam yna a'i arweiniodd i geisio swydd ym myd tai.

Cadd swydd ymhen tipyn fel dirprwy swyddog datblygu gyda chorfforaeth dai Glasgoed. O honno y daeth i Gymru. Fe'i penodwyd yn brif weithredwr i'r hyn a elwid yn Gorfforaeth Letya neu'r *Housing Corporation* a elwir bellach yn Tai Cymru. Am ei fod yn dod i weithio i Gymru, gwlad ddwyieithog ac yntau'n llawn ymwybodol o hynny, gwyddai y disgwylid iddo ddelio â chymdeithasau tai lleol ledled Cymru a gadwai eu cofnodion yn Gymraeg, a gohebu yn Gymraeg. Parchai hynny ac ni fynnai iddynt newid y drefn er ei fwyn e. Os oedd rhywun i newid, yna fe oedd hwnnw. Er mwyn newid aeth John a'i deulu am wythnos i Nant Gwrtheyrn er mwyn cael crap ar y llythrenne. Nid un wythnos o daro cis ar foch oedd honno, daliant i fynychu dosbarth Cymraeg.

Damweiniol i fesur oedd i'n llwybrau groesi. Galw ro'n i gydag un o ddiaconiaid Bethlehem, Gwaelod-y-garth, y Dr Meurig Davies ac meddai, 'Ma' teulu sy'n dysgu Cymraeg wedi dod i fyw drws nesa.'

'Rhai o ble 'yn nhw?'

'Glasgow.'

'Gwell i mi alw i'w croesawu.'

Hynny a fu. Synnais. Rhyfeddais. Dotiais. Er mai newydd ddod i Gymru yr oeddent, mynnent geisio siarad Cymraeg ac yr oedd eu gafael ar yr iaith yn syndod. Gwahoddais y teulu i'r capel. O leia fe wnâi les i'w Cymraeg! Daethant. Buont yn hynod o ffyddlon. Gwyddwn na ddeallent mo'r cyfan. Dro ar ôl tro ce's fy rhybuddio i beidio brygawthan Sisneg er eu mwyn nhw. Isie llif o Gymraeg oedd arnynt. Pan ddarlledwyd gwasanaeth y bore o Fethlehem cadd John ledio emyn . . . yn Gymraeg. Daethant yn aelodau cyflawn a Cathrin yn dod atom o'r Eglwys Gatholig. Roeddem wedi edrych ymlaen at eu cwmni a'u cyfraniad am flynyddoedd i ddod. Ond roedd y fwyell yn cael ei hogi. Disgynnodd ar wreiddyn y pren.

Heb os roedd cariad a pharch gan hwn at y Gymraeg a Chymru. Nid ymlafnio i ddysgu'r Gymraeg yn unig a wnaeth. Bu'n dawel Gymreigio'r gorfforaeth a arweiniai. Cymhellai'r swyddogion i ddysgu'r Gymraeg. Mynnai fod y Gymraeg yn cael ei anrhydeddu ym mhob dim. Gwnâi hynny yn dawel a boneddigaidd, heb gythruddo neb a chadd gefnogaeth gyffredinol. Roedd gan hwn weledigaeth ac argyhoeddiad a'r ddawn brin i droi gweledigaeth yn bolisi gweithredol mewn corff a allai fod yn wrthnysig a Seisnig. Ysywaeth, ni chadd gyfle i ddilyn ei weledigaeth. Ar Ebrill y cyntaf, 1989 (oes 'na arwyddocâd i'r dyddiad, dwedwch?) daeth corff newydd i fod. Disodlwyd yr hen Gorfforaeth Letya gan Tai Cymru, a'r un newydd yn gorff annibynnol. Gan ei fod yn cael ei sefydlu fel corff ar wahân rhaid oedd dewis swyddogion o'r newydd. Gwaith John a phob un yn y fantol.

Yn naturiol, ystyriai pawb a oedd yn gwybod mai swydd John fyddai'r brif swydd. Onid oedd ganddo brofiad ac adnabyddiaeth o'r gwahanol gymdeithasau tai a weithiai ledled Cymru? A mwy na hynny roedd wedi ennill eu hymddiriedaeth a'u parch. At hynny, wedi dod i'w swydd parhaodd i ddychwelyd yn bythefnosol i Brifysgol Glasgoed i weithio am y radd M.B.A. (*Master of Business Administration*). Derbyniodd ei radd a chipio pob gwobr a llawryf. Prif sgolor y cwrs, ar ben y rhestr, a hynny gyda chyfrifoldeb swydd drom. Tipyn o gamp, ddwedwn i. Eto, er ei brofiad a'i gymhwyster academaidd disglair ni chadd John mo'i swydd. Yn wir, ni chadd yr ail un 'chwaith. Dewiswyd un o uchel swyddogion y Swyddfa Gymreig. Faint o Gymraeg sy' ganddo? Faint o gariad at Gymru? Gwir iddynt gynnig swydd i John, ond teimlai'n anhapus. Sgerbwd yn y cwpwrdd

39

fyddai, o raid, ac ni fynnai gŵr abl a gweledigaethus fel fe fod yn sgerbwd. Cadd gynnig swydd yn wir, swyddi eraill. Ni fynnai'r Gorfforaeth Letya yn Lloegr mo'i golli ar unrhyw gyfrif. Gwyddent am ei gyfraniad. Wedi dwys ystyried derbyniodd swydd uchel yng Nghroydon a dechreuodd ar y cyntaf o Ebrill! Cymru gadd ei thwyllo y tro hwn.

Wrth basio ei gartref, cartref y bûm ynddo lawer gwaith yn siarad Cymraeg, er mawr dristwch gwelais fod arwydd 'Ar werth' wedi ei godi. Gadawsant ddiwedd yr haf. Wn i ddim am wleidyddiaeth apwyntiadau.

Roedd gan John gymhwyster i wneud cyfraniad unigryw i Gymru ac i ddiogelu Cymreictod Tai Cymru, ond ni chafodd mo'r cyfle. Rhywdro mewn sgwrs ar ei aelwyd soniodd am ei brofiad o ddelio â Swyddfa'r Alban yng Nghaeredin a delio â'r Swyddfa Gymreig yng Nghaerdydd.

'Yr yr Alban roeddech chi'n delio ag Albanwyr, rhai a oedd yn un â dyheadau'r Alban, ond yn y Swyddfa Gymreig eithriad yw cael uchel swyddog o Gymro. Rhai wedi eu hanfon i gael profiad ac i ddringo grisiau y gwasanaeth sifil sydd yno.'

Daeth atom ryw nos Sul i ddweud ei fod yn gadael Cymru ac yn amlwg yn drist oherwydd y rheidrwydd. 'Mae gen i un cais,' meddai. 'Pan fydda i wedi setlo ar dŷ wnewch chi fy nghysylltu ag eglwys Gymraeg, ac â chymdeithas Gymraeg.'

Trueni na bai rhagor o rai tebyg iddo yn dod o Glasgoed i Gymru. 'Na biti na bai'r mewnfudwyr yn cael deuparth o ysbryd a gweledigaeth John a'i deulu. A 'na wlad ryfedd 'yn ni, gwrthod John a'i droi i bori ar gwmin anghydnaws iddo tua Croydon, ac yntau wedi cael y fath flas ar borfa Cymru. Mae byd o wahaniaeth rhwng 'Swyddfa Gymreig' a 'Swyddfa Gymraeg'. Wedi'r cwbl, os gellir gosod Sais yn ysgrifennydd ar Gymru, mater go fach oedd rhoi'r fwyell i John.

Gordon

Allwn i ddim credu fy llygaid. Rhwbio fy llygaid i glirio'r sgimen a allai fod yno. Dal i weld yr un peth. Ie, pibell oedd hi yn gorwedd ar ei thor ar y gris nesaf i'r cyntedd yng nghapel Bethlehem, Gwaelod-y-garth. Mudlosgi a gollwng ambell awgrym o fwg cynnil. Wyddwn i ddim pwy oedd â hi. Fe dde's i wybod. Gordon Davies, bachan o Gasllwchwr. Yn ei elfen yn sôn am gymeriadau, cymdeithas a chapeli Casllwchwr cyn dyfod y dyddiau blin Seisnigaidd a chyn i'r lle fabwysiadu'r enw a ffieiddiai, sef Loughor.

Mynnodd rhywun mai brogarwch yw gwraidd cenedlgarwch. Os hynny, roedd gwreiddyn y mater gan Gordon. Tarddai ei Gymreictod cadarn o'i fro a thyfodd yn genedlaetholwr brwd. Athro ymarfer corff oedd e am flynyddoedd. Dysgodd mewn ysgolion gramadeg ac un ysgol fonedd, yna symud i golegau hyfforddi. Roedd ar staff y Normal ym Mangor ar yr un adeg ag Ambrose Bebb; gŵr a edmygai'n fawr. Yna daeth yn Brif Drefnydd Addysg Gorfforol i Bwyllgor Addysg yr hen Sir Forgannwg, ond yn y blynyddoedd cyn-ddilywiaidd hynny roedd trefnydd un pwnc yn gorfod cymryd cyfrifoldeb am bynciau eraill. Cadd y Gymraeg ei sylw a gresynai am yr esgeuluso a gâi: 'Criminal bachan, fel 'se nhw'n treio lladd yr iaith.'

Y llifeiriant cerddi

Ei Gyfarwyddwr Addysg, y diweddar Trefor Jenkins a oedd yn sglaig Cymraeg, a ddeffrôdd ynddo'r diddordeb ym marddoniaeth gynnar y Cynfeirdd a'r Gogynfeirdd. Dysgodd ddarnau hirion ar ei gof, a llawer tro wrth ymweld ag e wnes i ddim ond iste 'nôl a gadael i'r llifeiriant olchi trosof a rhyfeddu, bid siŵr, at ei gof aruthrol. Pan oedd yn grwt ysgol cambihafiai ar dro, fel pob plentyn cyffredin arall. Fe'i cedwid ar ôl yr ysgol i ddysgu can llinell o Shakespeare neu ryw fardd arall. Nid cosb oedd hyn ond hyfrydwch. Dysgai lawer mwy na'r gofyn a daliai i'w cofio, ac un o'r pethau diwethaf a wnaeth e oedd rhaeadru ffrwd o'r hyn a ddysgodd yn Ysgol Ramadeg Tregŵyr. Tebyg mai ei gariad at yr hen ganu a'i arweiniodd at yr ieithoedd Celtaidd. Dysgodd Lydaweg a gallai ei siarad yn rhugl.

41

'Bachan, wy'n cofio Shoni winwns yn dod at Mam a wilia gyta hi yn Gwmrâg, a 'na falch own i pan es i i Roscoff, i wlad y Shoni, y gallwn i wilia gyta nhw yn eu hiaith.' Yna aeth i'r afael â'r Gernyweg, roedd yn gryn feistr ar honno a phan oedd ar ei wyliau yn y fro honno rai blynyddoedd yn ôl gwelodd mewn llyfrgell gam-gyfieithiad o'r Gernyweg i'r Saesneg. Gofynnodd am gael gweld y llyfrgellydd a galw ei sylw at y camwri. Hwnnw'n rhyfeddu at fedr y Cymro hwn ac yn synnu bod ei wybodaeth mor sicr. Aeth y diddordeb Celtaidd yma ag e at hanes cynnar y cyfnod pan siaredid y Gymraeg mor bell lan â Chaeredin. Treuliai oriau yn olrhain yr enwau Cymraeg sydd erbyn hyn wedi eu newid a'u llygru. Âi i'r afael â llyfrau ysgolheigaidd trymion. Heb os, trwythodd ei hun yn y cyfnod a'r ieithoedd Celtaidd ac yr oedd orig yn ei gwmni yn addysg a diwylliant. Ce's seiadau cyfoethog a diolchaf amdanynt.

Esbonio enwau

Cofiwch, fe hoffai gynulleidfa a phan gâi rywun i wrando arno roedd e fel pwll y môr! Ond cawod go iawn o Gymreictod a gaech a chithe yn falch o gael rhannu ei ddysg rhyfeddol. Gan ei fod yn athro ymarfer corff gofalai am ei iechyd. Cerddai lawer, rhyw bum milltir ar hugain yr wythnos! Ond nid cerddetan hamddenol a wnâi. Cerdded nes yr oedd e'n chwŷs drabŵd. ''Na'r cerdded sy'n gneud lles i'ch calon.' Wrth gerdded llwybrau'r fro casglai enwau ffermydd a chaeau, llawer ohonynt wedi eu llurgunio a'u Seisnigo erbyn hyn, ysywaeth. Odych chi'n meddwl y galwai e' *Morganstown* yn Treforgan, fel ma'r duedd bellach?

'Bachan, bachan, Pentrepoeth yw'r hen enw, ac mae isie ei gadw.' Ymhyfrydai mewn ceisio esbonio'r enwau ac anghytunai â'r mawrion ar dro, ac yr oedd gydag e ei resymau dilys. Doedd neb yn nabod yr ardaloedd hyn fel Gordon ac yn ei golli diflannodd un oedd â gwybodaeth helaeth am hanes ac enwau'r fro.

Roedd yn arddwr proffesiynol. Cadd ddiploma gan y Gymdeithas Arddio Frenhinol ac yr oedd hi'n bleser i weld ei ardd. Ato fe yr awn i am gyngor am wrteithiau a phlanhigion, ac unwaith yr âi â chi i'w ardd darlith gaech chi a honno'n fyw a diddorol. Mae'n siŵr gen i ei fod yn athro da. Weles i neb oedd â'i bwnc, beth bynnag oedd e, ieithoedd, enwau lleoedd, garddio, cerdded, yn gafael cymaint ynddo. Ac wrth gwrs, roedd e'r un peth gyda'r Gymraeg. Un tro, a Gordon ar y pryd yn gweithio'n ddygn i sefydlu ysgol feithrin yn y pentref, gofynnodd i Gymro o'r fro Gymraeg a fyddai'n anfon ei blant iddi? Hwnnw'n dweud na fyddai a Gordon yn poeri beirniadaeth arno,

'Be ddiawl sy'n bod arnoch chi, bachan o ardal Gwmrâg, fydd eich plant ddim yn gallu wilia â'u mam-gu.' Er iddo, yn rhyfedd iawn, briodi un ddi-Gymraeg, a bu'n briodas hapus iawn, mynnodd fagu ei ferch yn

Gymraes. Deil honno, er ei bod yn byw a dysgu ym Mryste, i siarad Cymraeg glân.

'Na biti am yr hen bibell 'na. Trueni na fyddai wedi ei gadel i losgi mas ar stepen y capel oherwydd hi a'i lladdodd. Anodd deall pethau, gŵr deallus, gŵr a roddai bwys mawr ar iechyd a ffitrwydd corfforol, eto ni allai roi'r gorau i smocio. A phan ddechreuodd gwyno dwedodd y meddyg wrtho y gallai fyw nes ei fod yn gant oni bai am un peth — y bibell. Ac ar Ebrill 27, 1989 fe'i cariwyd i'r capel am y tro olaf a chyda hiraeth mawr y ffarweliwyd â Gordon Davies.

Collwyd cymeriad, collwyd Cymro, collwyd capelwr a gallaf innau ychwanegu, collais gyfaill. Un y ce's i oriau o ddiddanwch ac addysg yn ei gwmni. Diau na welir mo'i enw ar baneli oddi mewn i babell y Steddfod Genedlaethol. Gwnaeth ddigon i fod yno. Carodd ei genedl am iddo garu Casllwchwr. Rwy'n difaru na fuaswn i wedi cydio'n y bibell honno ar stepen Bethlehem a'i lluchio i'r tywyllwch eitha. Byddai wedi bod yn llawer gwell colli'r bibell na cholli Gordon.

T W Thomas, Gwaelod-y-garth (Ab Eos)

'Mae'r cwpwrdd wedi mynd. Dechrau cael gwared ar rai pethau.'
Wedi munud o ddistawrwydd, rhoi plwc go ddygn i'w bibell, hen ffrind
iddo. Gellir dweud iddo fyw yn y cymylau!
'Paratoi i hela 'mhac, welwch chi.'
Ni orffennodd mo'i frawddeg. Nid oedd raid iddo. Gallwn ddarllen ei
feddwl. Rhaid ei fod yn teimlo dŵr yr afon yn cosi ei fodiau deg a phedwar
ugain.
'Nid drwg i gyd oedd ei symud. Tu ôl iddo yn cwato ers dwn i ddim faint
roedd ffenest liw. Drychwch arni.'
Rhaid cytuno mai da oedd y dadorchuddio ac ni allai neb wadu ceinder y
ffenest. Eto, roedd i'r cwpwrdd llyfrau ei gymeriad unigryw. Celficyn
crefftus o'r deri gorau, â'i lond o lyfrau Cymraeg. Rhai a gasglwyd ar hyd oes
faith. Llyfrau a ddarllenwyd hefyd. Nid addurn yn unig mo'r silffoedd llawn
ond tystiolaeth i ddiwylliant eang.
Gellir dweud bod y digwyddiad yna yn ddameg o fywyd T W Thomas,
Tomos Wiliam i'w ffrindiau. Y gŵr cyhoeddus, pwerus. Y gŵr busnes
llygadog a ddringodd i gopaon cwmni *Spillers*. Ynad Heddwch a
Chadeirydd y Fainc. Un o Gymrodyr yr Eisteddfod Genedlaethol a
Thrysorydd yr Orsedd. Cadd ei anrhydeddu gan y Frenhines am ei
wasanaeth cyhoeddus. Catalog? Ie, ond un anghyflawn iawn. Cyfraniad,
heb os. Hoff ganddo adrodd stori am gyfaill prin ei Sisneg yn ei gyflwyno
mewn cyfarfod cyhoeddus. Wedi sôn yn glodforus am a wnaeth i'w fro,
meddai,
'Iw will ôl agri with mi, hi has bin a public convenience for us ôl!'
Symudwch chi'r gŵr cyhoeddus ac fe gewch ffenest liw gyfoethog. Nid
pawb a'i gwelodd, ond mae hi'n un gwerth edrych arni a rhyfeddu at y
lliwiau cyfoethog a blethwyd iddi.
Brodor o Waelod-y-garth ydoedd, pan oedd y pentref hwnnw yn
Gymraeg a Chymreig. Cadd fyw yn ddigon hir i weld newid mawr. Y
diweddar Athro J R Jones sy'n sôn am y tristwch o weld rhai yn cefnu ar eu

44

gwlad, ond y tristwch mwyaf, yn ôl yr Athro, yw gweld y wlad yn cefnu arnoch chi. Dyna'n union beth ddigwyddodd i Waelod-y-garth. Bethlehem oedd canol a chalon y pentref ym more oes T W. Llond dwrn o Gymry, neu lai na hynny, sy'n aelodau ym Methlehem erbyn hyn. Collwyd un o gadarnleoedd y Gymraeg i'r Saeson dod-gartref-i-glwydo. Arall oedd y pentref y ganed T W ynddo yn 1901. Pawb yn adnabod ei gilydd a phob un yn cael 'i nabod wrth ei enw cyntaf — Daniel o'r Felin, Dan bachan Mari, John bachan Jo, Sian Hywel, Mari gwitw Ifan, Dai Ffig, Ann gwitw Moses Sion. Enwau sy'n goglais dychymyg ac yn dystiolaeth i'r hen gymdogaeth dda. Eu hacen nhw sy' ar wefus T W — y Wenhwyseg. Fydd e fyth yn sôn am Sain Ffagan, eithr San Ffacan a Shin Nicôlas ac fe soniodd y dydd o'r blaen am wraig yn *bocstera*.

Mae hen ddresel dderw gydag e. Wedi bod yn y teulu ers achau. Mae'n pingo o jwge lystyr o amrywiol faint. Arferai ei rieni ddefnyddio pedwar ohonynt i gadw arian at wahanol achosion a gefnogent. Un i'r capel, un i'r Cwrdd Chwarter, un i Undeb yr Annibynwyr a'r llall i'r Steddfod Genedlaethol. O'r jwg hwnnw y cafwyd pres i dalu am ei ymweliad cyntaf, gyda'i rieni, â Steddfod Caerfyrddin yn 1911. Coron oedd pris y sgyrsion o Gaerdydd, hanner pris i blentyn dengmlwydd oed! Dyfed oedd yr Archdderwydd.

Yn y tridegau y'i derbyniwyd i'r Orsedd. Pan welodd yr Archdderwydd, Pedrog, e'n esgyn i'r Maen Llog, meddai:

'Ab Eos yw hwn. Mae ei dad, Eos y Garth, yn denor gwych a'i lais yn llanw capel Berry.'

Glynodd yr enw. Dyfnhaodd ei ymrwymiad i'r Steddfod. Bu'n gyd-drysorydd y Steddfod a'r Orsedd â Brynallt. Wedi dydd hwnnw T W lanwodd y ddwy swydd am sbel. Fe oedd un o'r lleisiau cryfaf o blaid cael y pwyllgorau lleol i roi pob elw a wnaethant at waith y Steddfod. Y duedd oedd rhannu rhwng y cŵn a'r brain. Glyn Ebwy, 1958, oedd y gyntaf i fabwysiadu'r drefn. Gwrthododd Caernarfon yn 1959 ond ufuddhaodd Caerdydd yn 1960 a dyna fu'r drefn oddi ar hynny, er mawr fudd i'r Steddfod, heb os. Fe'i dewiswyd yn Gadeirydd Pwyllgor Gwaith Caerffili yn 1950. Ymfalchïai mai yno y gweithredwyd y rheol Gymraeg am y tro cyntaf. Roedd yn un o benseiri honno a diau mai dyna un o'r cyfraniadau mawr i ddiogelu cymeriad yr Eisteddfod. Mae'n cael boddhad mawr fod pawb yn derbyn y rheol yn ddigwestiwn bellach. Bu eilwaith yn Gadeirydd pan ddaeth y Steddfod i Gaerdydd yn 1960. Arweiniodd ei Brydeindod e i beth helynt! Gwahoddwyd y Frenhines i'r Ŵyl. Torrodd cenlli o feirniadaeth. Cadd sypyn o ymddiswyddiadau gan rai a wrthwynebai'r bwriad. Go brin yr ailadroddai'r camgymeriad hwnnw. Treiodd ei Brydeindod wrth i'w Gymreictod a'i Genedlaetholdeb aeddfedu. Mae'n iachach person heddiw nag ydoedd yn 1960 ac ef ei hun sy'n dweud hynny drwy'r cymylau mwg!

Fel un o frodorion y Fro, ardal sydd â thraddodiad hir o ganu tribannau yn perthyn iddi, meistrolodd yntau'r grefft o'u canu. Pan oedd yn cynrychioli *Spillers* gohebai â rhai ffermwyr megis Thomas Adams, Eglwys Fair, y Fro a Thomas Jenkins Bryndu, Bedwas trwy gyfrwng tribannau:

Ma'r gwair yn brin eleni
Gan bob rhyw ffarmwr teidi,
Ond rhaid yw pleso gŵr o'r Fro
Sy' ym Mryndu yn ffermu.

Mae gen i das fach ddecha
O'r gweiriach cymysg gora,
Cewch lwyth neu ddau o'r piwra mas
O lasdir bro Llanganna.

A phan groesawodd y Steddfod i Gaerdydd, wel, be'n well na chadwyn o dribannau. Dyma rai ohonynt:

Chwi bobol dda y Gogledd
Rhowch glust a mawr amynedd,
I ŵr a ddaeth tros fryn a dôl,
I ganol heddwch Gwynedd.

Mae yna ddinas fechan
Lawr yn y Sowth yrŵan,
Lle bach i lygaid gwŷr y North
Sy' eisiau'ch cymorth diddan.

Buoch yno gynt â'r cleddau
A mil o ddur dariannau,
Pan ddaethoch gyda'r dewr Lyndŵr
I 'neud y tŵr yn ddarnau.

Llosgasoch lu o deiau,
Drylliasoch borth a muriau,
A gwnaethoch yno lanast mawr —
Ond dowch yn awr fel ffrindiau.

Anghofiwn hen hanesion
Am hen gwerylau creulon,
Cans er gweled llawer storom flin,
Yr ydym un yr awron.

Gan hynny y mae croeso
I bawb i ddyfod yno
Dowch yno'n llu yn llawn o hwyl
I uchel Ŵyl y Cymro.

Beth fyddai'r un Eisteddfod
Heb help o Arfon hyglod,
Heb donau mêl o dannau Môn
A swynion Powys hynod.

I dawel dir y Deau,
O dowch a'ch heirdd delynau,
A dowch, os gellwch, am y tro
I'n curo ni â'ch corau.

Dowch i Gaerdydd, gyfeillion,
Chwi welwch ynddi swynion,
A chofiwch bawb fod ynddi hi
Rai o Eryri'r awron!

Mae'n eithaf cartrefol ar lwyfan y Brifwyl, ond yn ei elfen yn ei fro ei hun.
Ei fyd yw Gwaelod-y-garth a Bethlehem. Casglodd ar hyd ei oes faith
gruglwyth o storïau am gymeriadau'r fro, ynghyd ag hanes ei filltir sgwâr.
Mae wrth ei fodd yn cerdded yr hen lwybrau. Fase neb yn amau nad yw'n
Drindodwr cadarn, ond eto, nid trindod sy'n ei Dduwdod e, eithr pedwar —
y Tad, y Mab, yr Ysbryd Glan ac R G Berry! Bwriodd y gwron hwnnw ei
gysgod yn drwm arno. Dysgodd T W y cynganeddion wrth ei draed. Bu'n
aelod o'i barti drama enwog a chaent berfformio dramâu R G Berry fel y
deuent yn dwym o'r popty.
Fe'i codwyd yn ddiacon yn gynnar a daliodd y swydd am ragor na hanner
can mlynedd. Ni raid i chi ofyn a yw T W yn yr oedfa. Fyddwch chi fawr o dro
cyn ei glywed yn porthi'n dawel, urddasol. Rhyw ochenaid o gynhaliaeth ac
anogaeth, a gododd aml i un eiddil yn goncwerwr mawr. Ac os bydd hwyl ar
bethe, bydd yn dyblu'r gân er mawr ddryswch i'r organydd ar dro! Os gofyn
rhywun, 'Ble'r aeth yr Amen?' yr ateb yw, 'I Fethlehem, Gwaelod-y-garth'.
Sonia am rhyw gyfaill uniaith Gymraeg yn dod i'r Gwaelod i weld teulu a
oedd mewn galar. Ni fedrai'r rheiny y Gymraeg, a dyma hwn yn gofyn,
'Is this where the corpse do live?'
Ni ellid gofyn cwestiwn fel'na am T W mewn oedfa nac oddi allan iddi!
Mae cenedlaethau wedi ei weld yn ei wisg borffor gyda'i deyrnwialen yn
rhinwedd ei swydd fel Swyddog y Llys ar lwyfannau y Brifwyl. Gŵr tal,
swmpus yn cario'i swydd fel y dymunai Cynan iddo wneud. Ond mae gweld

y person sydd y tu ôl i'r wisg yn datgelu i chi gymeriad lliwgar. Er imi ofidio gweld y cwpwrdd llyfrau yn cael ei symud, eto, o'i symud daeth y ffenest liw hyfrytaf i'r golwg a cholled oedd cwato honno. Ac mae nabod T W yn ei fro, gyda'i bobol, yn ei gapel yn rhoi cip ichi ar berson diwylliedig ac yn dangos ichi y cyfoeth a gollwyd o Forgannwg pan gollwyd y Gymraeg a'r ffordd Gymraeg o fyw. Ffenest yw e i orffennol godidog, ac mae cael edrych drwy'r ffenest honno ar a fu yn hwyl ac yn frath sy'n sobri rhywun.

Mae un gofgolofn dawel gydag e. Bydd llawer un sy'n byw'n fras ar gefen y BBC yn mynd i mewn a mas o'r adeilad yn Llandaf. Pan oedd e'n aelod o Gyngor y BBC paratowyd bwrdd hysbysu mawr i'w osod o flaen yr adeilad gyda'r Saesneg yn uchaf. Protestiodd a gwrthwynebodd T W a newidiwyd y drefn, ac hyd heddiw y Gymraeg sy' oruchaf.

Fel y ffenest liw yn ei gartref a ddaeth i'r golwg wedi symud y cwpwrdd llyfrau, mae cyfoeth o liw sy'n gwneud cyfanwaith ym mywyd T W, ond y lliw amlycaf sy'n rhedeg drwy'r cwbwl yw ei gariad at Gymru a Christnogaeth. Diolch am gael edrych drwy ac ar y ffenest 'na. Gwelais gyfoeth. A phan symudir y ffenest 'na, pell fo'r dydd, bydd anferth o dwll yng Nghymreictod a chrefydd y fro, a bydd raid chwilio am rywbeth i guddio'r bwlch. Ni ellir mo'i lenwi ac nid cymeriad a gollir, eithr cyfnod. Yn wir, canrif.

Wedi craffu'n fanylach ar y ffenest gwelais ei bod yn gorwedd mewn ffrâm o ruddin deri. Honno sy'n cynnal y darnau ac yn cadw'r cyfanwaith rhag chwalu. Ac o'r diwedd, dyna daro ar gyfrinach T W a'i genhedlaeth — mae ffrâm gadarn i'w bywyd ac oddi mewn i'r ffrâm honno ceir pictiwr cyfan, cyfoethog. Chwalfa sy'n dilyn dibrisio gwerth y ffrâm.

Y Gog a'r Hwntw!

Mae gen i gymdogion newydd. Gogleddwyr o frid. Darnau o'r graig y'u naddwyd ohoni tua Bethesda a Thregarth. Daethant yma o Bwllheli. Wedi treulio blynyddoedd ym Mhen Llŷn. Huw Tegai yw enw barddol y gŵr, ac ers mwy nag ugain mlynedd fe yw trefnydd arholiadau Bwrdd yr Orsedd. Fe'i adwaenir trwy Gymru, yn bennaf oherwydd ei gyfraniad i fyd y ddrama fel awdur a chynhyrchydd. Y dydd o'r blaen roedd e a'i wraig, Gwladys, yn dathlu hanner canrif o fywyd priodasol. Yn eglwys Glanogwen, Bethesda y bu'r uno. 'Wedi bod yn hir gyd-deithio.' Piciais i'w gweld i ddymuno'n dda iddynt a chael fod cawod o gardiau wedi cyrraedd.

'Gwrandewch,' meddwn, 'Gwener nesa' rwy'n trefnu i ymweld ag Eic Davies yn yr Alltwen. Ma' fe'n cael ei bedwar ugain ar yr ugeinfed o Hydref. Hoffech chi'ch dau ddod?'

'Ia . . . diolch fachgan . . . mi hoffwn i'n sobor weld Eic eto. Ma' blynyddoedd ers imi 'i weld o. Ddoi di Glad?'

Ac wrth gwrs, roedd sôn am Eic yn agor fflodiart yr atgofion.

'Dwi'n cofio iddo fo a Mary Lewis, Llandysul, roi'r wobr gynta i gwmni drama Morfa Nefyn yn y Genedlaethol pan o'n i'n cynhyrchu. Fachgan, alla' i ddim deud gymaint yr ydw i yn edrych ymlaen at fynd . . . '

Yn dawel fach roeddwn inne yn eiddgar am y cyfle i glustfeinio ar ddau o hen lawiau'r ddrama yng Nghymru yn rhannu profiadau. Ysywaeth, nid oedd Eic wedi cael yr iechyd gorau, ac weithiau fyddai arno ddim gronyn o awydd wilia.

'Eic, ry'ch chi'n nabod hwn?'

'Otw, otw, nabod yr wmad, yn 'y myw alla' i gofio'r enw. Ma' gita fe rwbeth i neud â'r ddrama, on'd o's?'

'Bachan ry'ch chi ar ei gwar hi. Pe bawn i'n dweud Huw, gofiech chi wedyn?'

Dyma lafn o oleuni yn tasgu o'i lygaid ac estynnodd ei law, 'Huw Davies y dramodydd, yntê?'

Tynnodd Huw lun o'i boced,

''Dach chi'n cofio hwn?'

'Ma'r hen lyged 'ma'n pallu a smo fy sbectol i 'da fi.'

'Llun cwmni Morfa Nefyn y rhoisoch chi a Mary Lewis y wobr gynta iddyn nhw.'

'Iefe . . . Mary Lewis.' Oedodd gyda'r enw ac erbyn hyn nid llafn o oleuni oedd yn ei lygaid, ond ffrydlif. A bu seiat rhwng y ddau gynhyrchydd — cynhyrchydd Cwmni Drama Morfa Nefyn a chynhyrchydd Cwmni Drama y Gwter Fawr. A dyma fi yn rhoi fy mhig i mewn,

'Eic, anghofia' i fyth eich cynhyrchiad chi o *Bobol yr Ymylon*. Weles i ddim byd gwell, ac ma' Malachi Jones yn dal yn fyw yn y co'. Tipyn o actor oedd Leslie Davies, yntê?'

Gwên ar ei wyneb.

'Ie, gison ni lot o hwyl 'da honno.'

Hen enw ar Frynaman yw'r Gwter Fawr, mae'n debyg. Dyna fro Eic. Cwmllynfell . . . Cefnbrynbrain . . . Rhiwfawr . . . y Gwrhyd a Rhosaman, godre'r Mynydd Du. Go brin fod neb wedi codi o'r fro honno a roddodd gymaint o fri ar dafodiaith ac acen y cylch. Dawnsiai'r iaith frodorol ar ei wefusau a'i bennaf gyfraniad, yn ddi-os, fu bathu termau ar gyfer chwaraeon ac yn benodol ar gyfer rygbi. Arloeswr os bu un erioed. Pe bai Prifysgol Cymru yn Brifysgol Cymry byddai wedi hen gydnabod Eic am yr hyn a wnaeth i gyfoethogi'r iaith. Erbyn hyn mae termau fel *maswr, mewnwr, canolwr, clo, cais, trosgais, cic adlam* a llu o dermau lliwgar wedi hen gartrefu yn yr iaith, a phob sylwebydd yn cael rhan helaeth o'i arfogaeth eirfaol o waith Eic. Wrth gwrs, yr arch sylwebydd rygbi yw ei fab, Huw Llywelyn Davies. Gwir fab ei dad ac Eic yn gyfiawn falch o'r gwaith a wna Huw.

Yng Ngwauncaegurwen y magodd Eic ei deulu, ar ymylon y Gwter Fawr, a'r teulu yn lefain Cymreig yn y blawd yno. Mentrodd Beti, ei briod, i'r frwydr etholiadol un tro. Doedd hi ddim yn wleidydd o gwbl ac yr oedd ymladd ar ran y Blaid yn dalcen caled. Cerddodd i'w sedd yn fuddugoliaethus a hynny ar bwys ei chymeriad. Un o ragorolion y ddaear, angor y teulu, a phan y'i collwyd fe luchiwyd y llong o don i don.

'Rhaid i ni fynd, Eic. Am fynd â Huw a Gladys 'nôl trwy Gwm Tawe a thros y Banwen i Lyn Nedd, ac ymlaen i'r Hirwaun ac Aberdâr.'

'Cwm Tawe wetsoch chi . . . ? Fu dim o'i well, do fe?' gydag awgrym o ddireidi yn ei lygaid.

'Roedd Bethesda a Thregarth yn lleoedd purion yn eu dydd,' medde Huw.

'Fel ni'n tri,' medde Eic, 'wedi gweld dyddie gwell!'

Diolch, 'rhen gyfaill, am gymwynasau lu â'n cenedl ni.

Sal (Sarah Ann Williams)

Colli'r cyntaf o saith

Saith ohonom oedd 'na. Nawr, dim ond chwech sydd. Nage. Nid fel 'na mae rhifyddeg marwolaeth yn gweithio. Collodd y chwe sy'n weddill rywfaint. Faint? Amser a ddengys. Rai blynyddoedd yn ôl cawsom ladrad. Gwyddem ar unwaith fod rhai pethe amlwg wedi eu dwgyd, ond o dipyn i beth y daethom i wybod maint y golled. Yn wir, ymhen tipyn wedi i'r yswiriant setlo â ni. Gwyddom i ni golli chwaer, a mam i bump o blant. Faint ohonom ni aeth gyda hi? Fe ddaw'n eglur gyda hyn. Wrth ei hebrwng ar Orffennaf yr 2il, 1989 i Gapel Seion ger Aberystwyth, Macpela'r teulu (Genesis 22.17-20) pasio heibio i fedd ein rhieni. Dal ar yr enwau:

David Jenkins Davies,
Margaret Davies,
Sarnau Fawr, Llanfihangel-y-Creuddyn

ac fel pe'n dod i ffocws ar ymylon y ffrâm, dwy garreg arall:

William Rattray,
Lydia Rattray,
Penuwchfach, Capel Seion

Wil ac Ija i ni. (Caem drafferth i ynganu ei henw pan yn fach.) Ar amrantiad fe'm cipiwyd yn ôl i Sarnau, yn deulu cyfan unwaith eto. Mae gan bawb hawl i'w Eden baradwys. Dyma f'un i ac fe'm cipiwyd iddi. Dwedodd rhywun mai hanes â'r elfennau trist a diflas wedi eu dileu yw hiraeth. Rhaid bod seirff colynnog yn yr Eden honno. Camp ein rhieni ac Ija a Wil oedd eu cuddio â dail eu cariad a'u consyrn ac atal eu brath gwenwynig. Ac yn y foment baradwysaidd hon roedd hi fel pe bai ffilm yn dadweindio, bron â rhedeg yn wyllt am fy mod i'n ysu am ailfyw'r cwbl. Gafael â dwylaw eiddgar yn y trysor byrhoedlog hwn. Mam yn ei gwisg archoffeiriadol — brat — yn ein cael yn barod i fynd i'r ysgol. Y pedwar hynaf. (Wedi bwlch o bum mlynedd y daeth y dair olaf.) Gosod ein bagiau ar ein cefnau a chyhoeddi'r un gorchymyn bob bore o'r newydd, 'Byddwch yn blant da'. Yna ein

51

gollwng drwy'r gât i gae Talcen Tŷ a ninnau yn ei groesi i ymuno â'r ffordd yn Nant Sarnau. Yno ymuno â phedwarawd arall, plant Penrhiw — Dilys, John, Dei a Lal, a dyna ni yn gatrawd gref i ymosod ar geyrydd addysg. Wedi dychwelyd, tasgau yn ein disgwyl. Nid tasgau ysgol, eithr gofalu bod digon o goed achub tân yn y gegin allan a hel yr wyau, tipyn o dasg yn yr haf pan oedd yr ieir yn dodwy mas. Ar brydiau, roeddem fel Livingstone yn naddu ein ffordd drwy'r dail poethion a'r drysi a chael ein pigo. Dydd Sadwrn, y penllanw. Mynd i Benuwchfach i gyrchu'r *Welsh Gazette*. Fûm i erioed mewn *garden party*, a dim gronyn o whant mynd, ond *garden party* go iawn oedd hi gydag Ija. Moethau! Melysion! A'r peth mawr oedd ein bod ni yn cael rhan yn y paratoi. Ffitffatan o'i chwmpas. Ar dro, byddem yn fflŵr o'n corun i'n sawdl a Lydia yn gofalu ein glanhau cyn ein gollwng tua thre. Wncwl John, yn ei gwman o dan y simne lwfer, braidd y gallech ei weld yn y mwg. Ei farf Santa Closaidd wedi newid ei liw oherwydd y mwg a dribls sudd baco. O'i gornel dywyll byddai'n galw arnom a gofyn am gusan. Ofni. Cuddio o dan ffedog Ija. Hwyl! Hyfrydwch! Y foment ysbeidiol 'na o ddianc i'r Eden gynnar honno a'm cadwodd yn y fynwent. Wedi'r cwbl, estyn Sal a wnaem i ddwylo a fu'n garedig iawn wrthym ni. 'O! angau pa le mae dy golyn?' medde'r Apostol. Nid oes colyn pan gyflwynwch chi'ch anwyliaid i ddwylo a ddiffoddodd bob colyn yn y baradwys fore. Wedi ei hen dynnu.

Wrth feddwl am y gymdeithas lle teyrnasai fy rhieni, Wil ac Ija, cymdeithas naturiol Gymraeg oedd hi. Nid oedd ynddi un dim a fygythiai ein Cymreictod. Yn wir, popeth yn cydweithio'n unfryd i borthi cryfder a chymeriad ein Cymraeg. Dim sôn am y bocs yn y gornel gyda'i raeadr o Saesneg parhaus. Ychydig o setiau weiarles a geid. Dim un papur newydd Saesneg. Sôn am Eden o Gymreictod, dyna hi, heb os. Gorfod creu ein hadloniant. Chwaraeon fferm. Y merched, Bet a Sal, yn chwarae tŷ bach (gwn fod tŷ bach yn golygu rhywbeth arall erbyn hyn). Mam a 'nhad oedd yn y tŷ mawr a ninnau yn y tŷ bach. Fy mrawd, Jac, a minnau yn helpu i'w greu. Yna aem i'r cae i blygu ac i gwteru, oherwydd dyna wnâi Walter, y tramp. Wedi iddo naddu'r gwter byddai'n gosod cerrig sychion ar ei gwaelod. 'Snoro' fyddai'r term am y weithred hon ac wrth gwrs, byddem ninnau yn cario llond y gert fach o gerrig (cert a wnaed i ni gan John Rowlands, y dyn ffordd) a'u dymchwel mewn lle cyfleus i ni snoro'r gwter. Hyn i gyd yn creu archwaeth am fwyd. Y merched wedi bod wrthi'n paratoi ar ein cyfer. Gyda hyn deuai'r alwad hirddisgwyliedig. Ni bu rhagorach cinio. Cacs wedi eu gneud o bwdel, stecen o ddarn o risgl, llysiau ddigon, rhai iawn. Peth rhyfedd, peth gwyrthiol yw dychymyg a daionus yw ei borthi. Nid oedd salmonela na botwledd yn ein byd ni.

Roedd Sal wedi prynu tŷ ar y Cwmins yn Llanbed, drws nesaf ond un i Bet, y bu hi'n cartrefu gyda hi ers tro. Wedi edrych ymlaen at fod gyda'u gilydd. Fel Moses, gweld gwlad yr addewid a wnaeth, o bell

(Deuteronomium 34.1-12). Un o'r troeon ola' i mi ei gweld yn Llanbed, meddai:

'Wyt ti wedi gweld y tŷ? Rwy'n credu bod Alun yn gweithio arno.' (Alun, ei mab, yn saer ac adeiladydd.)

'Odi, mae e'n ca'l hwyl dda arni. Bydd yn dŷ newydd.'

'Gobeithio y caf i fynd iddo.'

Ni ddwedais air. Ni allwn. Gwyddwn na châi a bod ei phum plentyn yn gwybod hynny. Erys y tŷ heb ei gyfaneddu, yn dystiolaeth i freuddwyd a chwalwyd. Ei rhoi yn nwylo y rheiny sydd yn y 'tŷ nid o waith llaw, tragwyddol yn y nefoedd' a wnaethom. Roedd Mam yn ei brat yn ei disgwyl ac Ija â'r drws led y pen yn agored i'w chroesawu. Y gyntaf o blant Sarnau i groesi. Ni oedd yn amharod i'w gollwng. Croeso'r ochr draw, galar yr ochr hon.

God's Frozen People!

Mil naw wyth saith oedd hi a chasglu deunydd at y gyfrol ar Paul Robeson oeddwn inne. Ce's wahoddiad i bregethu gyda'r Bedyddwyr yn Harlem, eglwys y bu brawd Robeson, sef Ben, yn weinidog arni am gyfnod maith. Yno hefyd y bu gwasanaeth angladdol Paul. Cynulleidfa fawr. Rhyw dair mil, mae'n debyg. Yn y prynhawn roedd gyda nhw oedfa arbennig. Un oedfa'r Sul sy' yno fel arfer, ond y prynhawn Sul hwnnw roeddent yn agor organ newydd. Rhyfeddod o offeryn. Gwahoddwyd esgob o'r eglwys Wesleaidd i bregethu. Bu ar staff yr eglwys hon rai blynyddoedd ynghynt. Heb os, dyna'r bregeth ddoniolaf glywais i erioed. Roedd y pum mil yn rowlio chwerthin ar dro, ac yna'n fedrus iawn yn newid o'r llon i'r lleddf. Roedden nhw fel pwti yn ei law fedrus. Testun y Salm olaf, sef Salm 150, oedd gwahanol offerynnau i ganu mawl i'r Arglwydd, ac meddai:

'Pan own i'n grwt yn eglwysi'r De 'ma roen ni arfer dawnsio lot yn y gwasanaeth. Smo ni'n gneud hynny yn awr.'

'Nag ydyn . . . nag ydyn,' atebodd y dorf bron ag unllais.

'Wyddoch chi pam y peidiodd y dawnsio?'

'Be ddigwyddodd? Dwedwch wrtho ni, Esgob?'

'O fe weda' i wrthoch chi. Er mwyn dangos ei anfodlonrwydd fe drawodd yr Arglwydd ni â gwynegon. Wedi'n cloi ni lan.'

Wel, os do fe, dyma hen ac ifanc, anystwyth ac ystwyth yn ceisio codi, gallech glywed cymalau clo yn datgloi, y cyfan er mwyn profi nad oedd yr Arglwydd wedi eu cosbi nhw. A dyma nhw'n ffurfio grwpiau yma a thraw a dechre curo dwylo a dawnsio. Y lle'n foddfa o ddawns a chân a'r gweinidogion ar y llwyfan, a finne yn eu plith, yn ffurfio cylch ac yn cael rhyw ring-a-ring-a-rosis yn y fan a'r lle! Parhaodd hyn am ryw ddeng munud. Yna wedi iddyn nhw iste a chael eu gwynt atynt, dyma fe'n dweud:

'Wrth fynd o gwmpas yr eglwysi mi fydda i'n sylwi mai'r darn o'r corff y gwneir mwya o ddefnydd ohono yng ngwasanaeth yr Arglwydd yw'r darn yr ydych chi'n digwydd eistedd arno. Smo i'n gwybod ble yn y Beibl y cewch chi adnod sy'n dweud mai felly y dylai fod. On'd yw'r Arglwydd wedi rhoi'r corff cyfan i ni a disgwyl i ni ei ddefnyddio'n llawn mewn addoliad?'

Beth pe bai wedi dod i Gymru? Fel un a fagwyd yn Ymneilltuwr ac yn gwerthfawrogi cyfraniad y gangen honno, eto, rydw i wedi fy ngyrru, ar fy ngwaethaf, i gredu bod Ymneilltuaeth wedi bod yn euog o esgeuluso y dyn cyfan mewn oedfa. Ewch chi i Benrhiw yn Sain Ffagan neu i unrhyw gapel Undodaidd arall, neu unrhyw gapel o ran hynny, yr argraff a geir yw lle plaen iawn.

'Nid ydyn hardd eich hen addoldai llwm' ys dywed T. Rowland Hughes. Maent yn fwriadol llwm, anghyfforddus. Maent fel'na am fod y rhai a'u cynlluniodd yn credu mai peth fel'na yw Cristnogaeth a bod yn Gristion. 'Sefer' yw'r gair a ddefnyddiem ni am *severe*, ac ni fedrwch osgoi y teimlad eu bod yn sefer iawn. Y drasiedi sy' wedi digwydd yw bod hwyl a sbort a chwerthin wedi mynd mas o grefydd a chrefydda. Peth caled yw e bellach. Diferodd yr agwedd sefer yna drosodd i'n Sul, y Sul Cymraeg bondigrybwyll.

Gwir fod 'na newid yn ddiweddar, ond yn draddodiadol ni chaniateid dim un math o hwyl. Roedd hynny yn bechod. Aeth hwyl a chwerthin yn bethau dirmygedig. Anghofiwyd mai un o'r grasusau pwysicaf yw hiwmor, a bod cael llond bol o chwerthin yn adnewyddiad i lawer 'enaid blin lluddedig'. Pam ychwanegu at feichiau pobol drwy fod yn drwm, sych a chaled?

Ystrydeb yw dweud bod Ymneilltuaeth wedi ei ganoli ar un rhan o'r bersonoliaeth, sef y meddwl. Dyna'r darged mewn oedfa. Sodro'r pechadur yn ei sedd a'i fombardio â gwirioneddau yr Efengyl nes y daw ato'i hun! Wrth gwrs, fe ddylai pregeth fwydo'r meddwl, ond mae anwybyddu elfennau eraill sy'n galw am gael eu digoni yn gwneud cam mawr â'r person cyfan. Pan dorrodd y Diwygiad Protestanaidd aethpwyd ati i symud o'r eglwysi yr addurniadau, megis paentiadau, cerfluniau a ffenestri lliw, a hynny am fod y sawl a'u symudai yn credu bod y crëwr yn addoli gwaith ei ddwylo ei hun, yn gwneud delwau ohonynt.

Collwyd trysorau na fedd daear ddim o'u rhyw. Ar ryw ystyr roedd y Diwygiad hwnnw yn fandaliaeth eithafol ac fe anghofiwyd fod 'gweld', fod y 'llygad' yn rhan bwysig o unrhyw berson a bod y llygad am wledda ar harddwch, am fod yr harddwch gweledig yn cyfleu rhywbeth am yr 'Harddwch mawr ei hun'. Eithriad yw llun mewn capel ac anaml y gwelir ffenest liw. Teimlir na ddylent fod yno. Camgymeriad mawr yw hynny, heb os. A dyna ichi sylw'r Esgob am ddawns mewn oedfa. Wrth gwrs, byddai unrhyw symud yn amhosibl mewn capel. Yn bensaernïol fe'u codwyd gyda chorau cyfyng ar y naill ochr. Mae'r saint fel ceffylau wedi eu cau mewn corau yn y stabal! Pe bai'r Ysbryd yn eich cymell i ddawnsio neu symud, fedrech chi ddim. Mae pob math o atalfeydd ar eich llwybr ac i'r cyfeiriad yna mae addoli modern yn mynd. Ond i geisio dwyn hynny i ben byddai rhaid diberfeddu ein haddoldai a lluchio i'r tywyllwch eithaf seddau a gysegrwyd gan benolau cenedlaethau o aelodau. Allwch chi weld hynny yn digwydd? Oni fyddai'n yfflon o helynt pe bai rhywun yn awgrymu y cyfryw beth? Aeth addoli'r adeilad yn bwysicach nag addoli. Y fantais sy' gan bobol sy'n byw mewn tywydd twymach na ni, fe'i gwelais yng Nghenia, ni chodant adeiladau, dim ond adeilad bach to gwellt i 'mochel rhag cawod. Mae'n ddigon braf i iste ar y borfa, ac os yw'r Ysbryd yn cymell, hawdd ffurfio cylch i ddawnsio neu i actio rhyw ran o'r ysgrythur. Heb os, mae anffurfioldeb hyfryd yn eu gwasanaethau. Lle i'r annisgwyl ddigwydd. Onid tristwch ein gwasanaethau ni yw eich bod yn gwybod, yn rhy dda, be sy'n mynd i ddigwydd? Aethom yn gaethion i drefn am nad oes ynom gyffro sy'n chwalu'r costrelau. Dim ond rhai difywyd sy'n fodlon byw gyda marwolaeth. Does neb yn cwyno yn y fynwent fod pethe'n farw, oes e?

Dweud ydw i, mewn ffordd gre', rhywbeth sydd wedi bod angen ei ddweud. Mae ein hoedfaon ni wedi tyfu'n bethe llawer rhy statig. Collwyd y rhyddid a chollodd yr Undodiaid e; y rhai sy' wedi ymffrostio fwy na neb ynddo. *God's Frozen People* ydynt hwythau, hefyd. Mae gan bawb ohonom gonsyrn am yr ifanc ac yn gresynu nad ydynt yn yr oedfa. Pwy all eu beio? Cânt eu dal yn eu bywyd cymdeithasol mewn cyffro a bywiogrwydd ac mae gofyn iddynt iste fel delwau am awr yn ormod, greda' i. Smo'r genhedlaeth hon wedi cael penolau mor galed â'u tadau a'u mamau. Mae'r cyfan yn gwneud cam ag addoliad. Mae hwnnw i fod o ran ei hanfod yn beth byw, egniol, cyffrous. Onid mynegiant o ryw ynni nefol sy'n gafael yng nghraidd enaid dyn ydyw, a'r ynni 'na yn torri mas mewn amryfal ffyrdd yn act o addoli creadigol, cynhyrfus? Efallai y dylai rhywun ddweud ein bod yn talu pris go fawr am ein Ymneilltuaeth sy' wedi dirywio i fod yn ddi-gic iawn. Yn sicr, mae isie ailfeddwl y cwbl lot. Mae isie diwygiad arall a fydd yn adfer i'n haddoli lawer o'r pethe a garthwyd gan ddiwygiad Martin Luther. Mae lle i'r arlunydd, mae lle i'r cerddor, mae lle i'r cerflunydd a lle i'r pregethwr, os cofia rheiny fod darn o garreg nadd yn medru pregethu, bod llun yn medru tywys at Iesu a bod canu yn medru codi eneidiau yn ogystal â chodi'r to, dim ond inni gael gwared ar y canu lleddf sy'n fwrn a baich. Mae isie dod â hwyl a sbort, mae isie gwneud crefydd yn beth i'w joio. Be sy o'i le ar hynny? Mae llai o'i le ar hynny na'r trymder trist sy'n gwmwl dros y cwbl yn awr.

Roedd fy hen gyfaill o ddyddiau Llanddewibrefi, y Dr Moelwyn Merchant, yn arfer dweud wrthyf:

'T J y drasiedi fwya yn hanes Cymru oedd y Diwygiad Methodistaidd'. Ni allwn lyncu ei sylw. Bellach rwy'n cael fy hun yn dechrau gweld be' oedd gydag e, ac os ca' i gyfaddef, yn symud i gyfeiriad ei dderbyn! Mae hyn yn swnio fel pechod yn erbyn yr Ysbryd Glân, mi wn. Gwn fod y Diwygiad Methodistaidd yn gyfiawn wedi ymosod a symud amryw o elfennau o'n bywyd diwylliannol am eu bod yn hybu maswedd ac anlladrwydd. Iawn.

Diau fod galw am lanhau, a fi fyddai'r olaf i wrthwynebu glanhau. Ond y drwg ydi hyn, fe daflwyd y babi mas gyda'r dŵr golchi. Mae gafael a chadw elfennau o ddiwylliant brodorol unrhyw wlad a'u defnyddio fel rhan o'r addoliad yn beth pwysig. Gallai dod â'r delyn i'r capel yn hytrach na'i halltudio i dafarn fod yn fendithiol inni. Cael canu penillion a dawnsio gwerin yn yr oedfa. Dyna'r gyfaredd sydd i mi o fynd i wasanaethau gyda'r brodorion yn Affrica; gwnânt ddefnydd llawn o'u diwylliant ac fe'i cysegrwyd at wasanaeth yr Arglwydd mewn addoliad. Mae eu mawl yn codi o'r pridd. Yn wir, wedi i'r gwledydd yna gael annibyniaeth aethant allan yn eu lluoedd o'r eglwysi Saesneg, mewnforedig. Allan am eu bod yn cynrychioli y gormeswr, bid siŵr, ond allan am eu bod mor ffurfiol, oer a heb le ynddynt i ddawn, athrylith a diwylliant naturiol y brodorion. Y cyfrif diwethaf welais i oedd fod yna ryw saith mil o'r eglwysi annibynnol hyn wedi tyfu fel madarch ar draws cyfandir yr Affrig. Maent yn fyw a bywiog. Yn genhadol iawn ac yn tyfu ar garlam. Dweud ydw i o hyd fod galw ar i ni roi lle i'r Ysbryd symud. Ar hyn o bryd mae'n anodd iawn, os nad yn amhosibl iddo symud o fewn rhigolau caeth ein patrymau marwaidd ni. Mae galw am rywun i fentro, mentro'n greadigol, a rhoi cyfle i ffresni a chyffro. Cael hwyl a sbort yn ôl i'n crefydda rhy-o-ddifrif. Gwneud dilyn Iesu y peth hyfrytaf a rhoi'r argraff, cywir gobeithio, fod Iesu'n hwyl fawr. Y *Gorfoledd* mawr ei Hun.

Stacan

Mae'r rhai sy' wedi bod yn gaeth i gyffuriau o ryw fath am gyfnod hir yn agored i gael yr hyn a elwir yn *flashback*, sef naid ddisymwth o'r presennol i'r gorffennol. Gall peth fel'na fod yn beryglus iawn, fel pe bai rhywun yn gyrru car ar lôn brysur gan ddibynnu ar bob gewyn i sicrhau ei ddiogelwch, ond ar amrantiad nid yw yno ond yn rhywle arall. Nid yw'n para'n hir fel rheol, ond gall eich rhoi mewn trybini go iawn. Fe ddigwyddodd i mi. Ga' i'ch sicrhau nad ydw i erioed wedi profi cyffuriau, ond dyma ddigwyddodd. Ar ein gwyliau yn yr Alban yr oeddem ni fel teulu yr haf diwethaf yma ac wrthi'n teithio'n hamddenol yn ardal Glencoe ar ddiwrnod braf. O fy mlaen roedd cae ceirch, newydd ei dorri a'i stacano. Yn ymyl y bwlch i'r cae roedd beinder wedi ei gyplysu i dractor, a dyna fi yn ôl . . . hanner canrif o leia! Roedd beinder gyda ni, John Deering, os iawn y cofiaf. Dyna'r peiriant mwyaf cymhleth a feddem, ac yr oedd tipyn o waith gosod arno cyn ei gael yn barod i dorri. Wrth gwrs, ceffylau a lusgai'r un a feddem ni; tri gan amlaf, weithiau bedwar, a rhaid oedd cael rhywun i dywys yr un ychwanegol oedd ar y blaen. Fe gerddais filltiroedd i arwain y ceffyl blaen.

Wedi i'r beinder dorri, lapio a chlymu'r ysgub, byddai'n ei luchio o'i grombil. Roedd hi'n rhyfeddod parhaus fod y peiriant yn medru gwneud gwaith mor ddestlus. Weithiau, byddai trafferth, nid yn gymaint gyda'r peiriant ond gyda'r cnwd. Os oedd hwnnw wedi ei guro'n wastad fel talcen tarw, anodd oedd ei godi'n ddeche. Tueddai i raflio a phan ddigwyddai hynny byddai galw ar un ohonom i ddilyn y beinder a thynnu'r sgubau o groth y peiriant.

Dechrau'r dasg oedd y torri. Wedi bod o gwmpas y cae rai troeon byddai rheseidiau o sgubau ar lawr. Rhaid oedd bwrw iddi i'w stacano. Stacan yw chwe ysgub gan amlaf, tair un ochr a thair gyferbyn, a'r chwech yn pwyso ar ei gilydd. Gallai fod yn waith digon pleserus, yn enwedig os oedd gyda chi sgubau teidi. Doedd dim hyfrytach na gweld llond cae o stacane, a dyna a welais i yng Nglencoe.

Ond roedd hwyl i'w gael wrth dorri cae o lafur. Y blynyddoedd hynny roedd digon o gwningod i'w cael, ac fel y byddai'r beinder yn nesáu at y canol, a'r cylch yn lleihau, byddech yn eu gweld yn chwilio am loches. Roeddynt wedi eu drysu gan sŵn y peiriant. Yna, beth bynnag a wnaech, fel y dynesai'r diwedd rhaid oedd ffurfio cadwyn o gwmpas y ciltyn oedd yn weddill a chael pob ci a feddem yn barod at waith. Do, daliwyd cannoedd mae'n siŵr gen i, digon i ni gael cig cwningen am ddyddiau. Prysuraf i ddweud fod hynny cyn dyddiau'r micsomatosis.

Ond cychwyn y daith oedd ei dorri a'i stacano. Rhaid oedd rhoi amser iddo sychu, rhyw naw diwrnod fel rheol. Llawer yn dibynnu ar y tywydd. Os oedd hi'n dywydd cyfatal gallai fod yn drafferthus iawn. Byddai'r brig, oherwydd lleithder, yn dechrau egino ac wrth gwrs, yn ddiwerth wedyn. Ond a chael fod y tywydd yn ffafriol, ymhen oddeutu naw diwrnod i bythefnos byddem yn mydylu. Casglu ugain i ddeg ar hugain o'r stacane yma ynghyd yn gylch, yna eu gosod un ar y llall nes codi mwdwl sylweddol. Gallai'r mydyle yma, os oedden nhw wedi eu codi yn iawn fod mas am gyfnod go lew. Fe ddeuai'r diwrnod i gywain i'r ydlan. Dau fwdwl yn ddigon o lwyth gambo, a byddai galw am un i bitsho, sef codi'r sgubau o'r mwdwl a'u hestyn i'r un a adeiladai'r llwyth. Yna eu taflu eto o'r gambo i'r wisgon yn y tŷ llafur. Byddai pob ysgub wedi ei thrafod bedair o weithiau, eu gosod yn y stacan, yna mydylu, yna eu llwytho i'r gambo a'r tro olaf eu symud o'r gambo i'w wisgon yn y tŷ llafur. Wel na, nid dyna'r diwedd 'chwaith. Deuai diwrnod dyrnu a byddai raid eu symud eto o'r wisgon i geg yr anghenfil a elwid yn injan ddyrnu. Erbyn meddwl, roeddem ni yn gwneud y cwbl yn llafurus sobor ond bellach mae'r combein yn gwneud y cyfan ar unwaith.

Ro'n i 'mhell o'r Alban; weles i yr un llyn na mynydd. Y cae o stacane yng Nghlencoe fu achos y naid yn ôl, ac nid nes cyrraedd Oban y deuthum ataf fy hun! Mae stacan yn ddigon i gipio ambell un yn ôl i'w ddoe a'i echdoe! Mae'n gyffur cryf iawn, credwch chi fi.

Wyrcws

Fe ge's swper mewn wyrcws un tro, wel, wyrcws wedi ei gweddnewid. Digwydd bod ar ymweliad â Llanfyllin oeddwn i, a thad a mam y diweddar Ryan Davies yn fy ngwahodd i swpera. Erbyn hynny, trowyd y wyrcws yn gartref i hen bobol a nhw eu dau oedd y wardeniaid. Ond mi fûm mewn wyrcws go iawn unwaith, a hynny yn Aberystwyth. Mae hi fel pob wyrcws arall wedi hen ddiflannu bellach, diolch i'r drefn, oherwydd yr oedd 'na ofn dwfn yn enaid pobol rhag iddynt orffen eu dyddiau yn y wyrcws. Beth bynnag, at fy ymweliad â'r wyrcws yn Aberystwyth. Erfynnodd 'nhad i mi:

'Ddoi di gen i i'r wyrcws fory i weld Walter?' Ro'n i'n fyfyriwr yn Aberystwyth ar y pryd.

'Dof.'

Trempyn oedd Walter, wedi treulio y rhan fwyaf o'i ddyddiau yn y Sowth. Enillodd arian mawr yn ystod y Rhyfel Byd Cyntaf ond fe aeth y cwbl lawr ei gorn gwddf. Treuliai bron pob gaeaf ar ein fferm ni yn tynnu eithin a chwteru; gweithiwr cydwybodol, ac er ei fod yn dramp, gofalai Walter amdano'i hun. Roedd yn lân fel pin mewn papur, a thalai i'r wraig olchi a smwddio iddo bob wythnos.

Fe'i cymerwyd yn wael a'i gipio i'r wyrcws, a dyma 'nhad a finne yn mynd i'w weld. Chofia' i ddim llawer am y lle, mwy na'i fod mewn stafell fawr gyda llawer o rai mewn cyflwr drwg.

'Shwt wyt ti Walter?' medde 'nhad.

'Boss,' medde fe, felly y byddai yn cyfarch 'nhad bob amser, 'Boss, 'newch chi gymwynas â fi?'

'Beth yw hi, Walter? Fe'i gwnaf, os galla' i.'

''Newch chi 'nghladdu i'n barchus?'

'Beth wyt ti'n ei feddwl?' holodd 'nhad.

'Smo i'n moyn cael fy nghladdu ar y plwy, ac ma' lle ym medd Mam yng Nghapel Seion. Galwch gyda Tom Griffiths, y Post Offis. Rydw i wedi rhoi

60

cinog fach o'r neilltu i dalu costau'r angladd. Alla' i ddim dweud wrthoch chi faint sy' yno, ond rwy'n amau fod yno ddigon.'

'Walter, rwy'n addo i ti y cei di dy gladdu'n barchus ac fe wnaf i'r trefniade gyda Tom Griffiths.'

'O'r mowredd,' dyna air parod Walter, 'rydych chi wedi codi baich oddi ar fy ysgwydd. Falch i chi ddod.'

A dyma fe'n troi ata' i.

'Defis bach,' medde fe, (nid dyna fel y bydde fe yn arfer fy nghyfarch, Twm bach oeddwn i iddo bob amser, ond bellach ro'n i yn mynd am y weinidogaeth a Walter yn teimlo y dylwn gael enw newydd. Ei ffordd e o ddangos parch, bid siŵr, ond rhaid adde bod yn well gen i yr hen enw).

'Licwn i pe baet ti yn cymryd rhan yn f'angladd. Ry'n ni wedi gweitho tipyn gyda'n gilydd, ti'n hela'r golosg a gwneud pentwr ohonynt, yna coelcerth o dân, a ni'n dau yn twymo yn ei gwres ym mis bach, ac yn cael te pnawn yn ei hymyl. Ac fe wharon ni lot o ddominôs a rings, ti oedd yn cadw'r cyfri.'

Rhaid oedd i Walter gael partner, ni allai gyfri na darllen.

'A gwranda Twm bach,' wedi anghofio'r parchusrwydd dros dro, 'Ni fu gen i lot i'w ddweud wrth flode. Mowredd, licwn i pe byddet ti'n towlu dominô neu ddau a chwpwl o rings ar fy arch.'

Fe gadd ei ddymuniad. Fe'i claddwyd yn barchus, ys dywed e, a dwn i ddim faint o arian oedd gan Tom Griffiths o'r neilltu i dalu'r costau. Fawr o ddim greda' i.

Yn y wyrcws yn Aberystwyth fe weles fod gan bob un ohonom ryw 'chydig o afael ar urddas a pharch. Er bod Walter wedi byw fel anifail, yn fynych, ni fynnai gael ei gladdu felly, ac mae'n treulio ei orffwys hir ym medd ei fam, nid yn y gornel a neilltuwyd i'r rhai a gleddid ar y plwy. Tybed ydi e'n gofyn i'w fam am gêm o ddominôs?

Yr Iarlles

Fe weles inne, fel chi, y cerfluniau mawreddog yn cael eu chwalu ar hyd ac ar led Rwsia. Golygfa anhygoel. Cofiaf yn dda weld cofgolofn enfawr i Gymro enwog yn cael ei dymchwel yn ddiseremoni. Digwydd bod yn Kinshasa, Zaire, yr hen Gongo yr oeddwn i. Ar glogwyn uchel uwchlaw'r ddinas codwyd cofgolofn i H.M. Stanley, neu a rhoi iddo ei enw bedydd, John Rowlands. Crwydrodd yn helaeth yn y darn yna o'r byd ac agor tipyn ar y 'Cyfandir Tywyll', fel y galwai yr Affrig. Yn wir, enwyd dinas ar ei ôl, sef Stanleyville. Roedd y gwledydd hynny wedi cael ymreolaeth ac wedi bwrw hualau imperiaeth o'r neilltu erbyn i mi gyrraedd yno. Roedd unrhyw beth a fyddai yn eu hatgoffa o'r gormeswr a'i draha yn annerbyniol, ac wrth gwrs, cynrychioli'r gormeswr a wnâi H.M. Stanley. Rhaid adde nad oedd iddo enw da; llawer yn rhy barod i ddefnyddio'r gwn. Beth bynnag, gwyddai fy nhywysydd fy mod yn Gymro, a dyma fynd â fi i weld y gofgolofn i'r Cymro hwn o gylch Dinbych. Pan gyraeddasom y fan roedd y jac-codi-baw yno, wrthi am y gorau yn ymosod ar y gofgolofn, ac fe weles i H.M. Stanley yn llythrennol yn mynd dros y dibyn. Symbolau yr hen drefn yn ildio i'r drefn newydd.

Ac wrth gwrs, mae 'na addewid am drefn newydd yn Rwsia. Dydw i ddim cweit yn ddigon hen i gofio'r chwyldro yn 1917, ond fe gwrddais i â dau o ddioddefwyr y chwyldro. Yn 1957 anfonwyd fi ar ymweliad â gwersylloedd ffoaduriaid yn Awstria. Dylifent o Hwngari bryd hynny, a rhyw fore dyma'r gŵr a ofalai amdanaf yn dweud,

'Rydw i am fynd â chi i weld dau. Maen nhw'n hen a musgrell iawn.'

'Iawn,' meddwn inne, ac fe aethom i'w cwt bach tlodaidd, oer. Mis bach oedd hi yn Salzburg a'r rhew-wynt yn brathu'n filain.

Yn ei wely oedd yr hen ŵr. Roedd hi'n amlwg oddi wrth ei olwg gystuddiedig ei fod ar ei wely angau, a'i wraig oedrannus a'i tendiai.

A dyma ofyn i fy nhywysydd,

'Alla' i ofyn iddi ddod i gael pryd o fwyd gen i yn y gwesty heno?'

'Ar bob cyfri', os gall hi ddod. Fe drefna' i fod 'na dacsi yn ei nôl a'i hebrwng.'

Derbyniodd y gwahoddiad yn ddiolchgar iawn.

Fe ddaeth, ac uwch pryd o fwyd cawsom sgwrs hir. Roedd ei gŵr a hithau yn Rwsiaid, ac yn iarll ac iarlles, yn perthyn i ddosbarth y tirfeddianwyr cyfoethog. Arnyn nhw y torrodd llid Lenin a Marx yn 1917. Gwybu hon fywyd bras iawn, ar ei chyfaddefiad hi ei hun. Cadd gwarter o ysgol yn y Swistir ac astudiodd am gyfnod yn yr Amerig. Byddai yn ymweld yn gyson â theulu brenhinol Lloegr, a threuliodd wyliau yn y palasau gwahanol. Ond bellach heb ddim, ac yn byw o dan amgylchiadau truenus o dlodaidd. Eto, yn ei thlodi enbyd yn wraig fonheddig, gwrtais, a'i thras yn mynnu brigo i'r wyneb drwy'r cwbl. Cawsom noson ddiddorol, noson o agoriad llygaid i mi. Er, rhaid adde nad oedd gen i ddim cydymdeimlad â chyfoethogion gorthrymus, ac yn tawel ymfalchïo eu bod wedi eu symud oddi ar eu gorseddau crand. Eto, pan dde's i wyneb yn wyneb â dau o'r dioddefwyr, ni allwn i lai na theimlo drostynt. Ar ddiwedd y noson talais y bil.

'Gobeithio ichi fwynhau ond mae'n flin gen i na allai eich gŵr ymuno â ni.'

'Diolch yn fawr am y noson. Che's i ddim pryd o fwyd mewn gwesty ers blynydde.'

Wedi meddwl am ysbaid dyma hi'n cydio'n fy llaw a'i gwasgu'n dynn.

'Mae hi wedi bod yn noson fawr i fi, ond mae un peth sy'n fy mrifo — eich bod chi wedi gorfod talu. Fel arall oedd hi, fyddwn i ddim yn gadael i neb dalu drosta' i.'

Roedd y swper a ddiolchai mor hael amdano yn ei hatgoffa o'r statws a gollodd a'r cyfoeth fu'n eiddo iddi unwaith. Galwodd y tacsi amdani a diflannodd i'r nos i nyrsio ei thlodi. Mae'n siŵr gen i fod 'na ddioddefwyr fel'na yn y chwyldro presennol. Onid ydyn nhw ym mhob chwyldro? Hyd nes ichi ddod wyneb yn wyneb â'r rhai a ergydiwyd gan y chwyldro ni ddewch chi i ddechrau deall beth sy'n digwydd. Fyth oddi ar y swper hwnnw, y swper olaf iddi hi, mae'n siŵr, fe weles i chwyldro 1917 drwy lygaid newydd a gwahanol, a rhaid adde ei fod yn edrych yn dra gwahanol.

Brij

Mae pobol yn mynd i Bontarfynach am sawl rheswm. Mae cymaint i ddal y llygad a'r dychymyg yno. Mae'r trên bach sy'n pwffian ei ffordd o Aberystwyth i Bont-y-gŵr-drwg yn cario'r miloedd drwy un o ddyffryn-noedd harddaf Cymru heb os — Dyffryn Rheidol. Ar ystlys y dyffryn, gyferbyn ag Aberffrwd fwy neu lai, bu tirlithriad flynyddoedd lawer yn ôl a cherfiodd y tirlithriad hwnnw rywbeth tebyg i fwch-y-danas ar y graig. Mae'r ymwelwyr wrth eu boddau yn tynnu llun yr anifail ac fe'i gwelir ar gardiau post o'r ardal. Mae'n un o hynodion y fro. Ym Mhontarfynach mae tair pont a phob un â'i stori, ac wrth gwrs, y rhaeadr enwog gyda'r llwybrau troellog yn eich arwain i'r gwaelod i weld grym y dŵr.

Anaml iawn y byddai'r brodorion yn cyfeirio at y lle fel Pontarfynach neu Bont-y-gŵr-drwg, eithr fel y Brij, a phwysigrwydd y lle i'r fro oedd fod yno farchnad ddefaid. Deil i gael ei chynnal, yn ôl a ddeallaf. Gwelodd ddyddiau llewyrchus iawn.

Mae Paul yn sôn am ei brofiad 'ffordd-i-Ddamascus' a Williams Pantycelyn yn cyfeirio at y 'bore-byth-mi-gofiaf' — profiadau a newidiodd gwrs bywyd y ddau. Wel, sôn am y Brij fydda i fel y trobwynt. Nid cyfeirio yr ydw i at brofiad crefyddol o unrhyw fath, ond sôn am un o'r profiadau rheiny pryd mae dyn yn cymryd cam mawr ymlaen, yn rhoi heibio'r pethau bachgennaidd a dechrau tyfu'n ddyn. Falle, erbyn meddwl, mai profiad crefyddol oedd peth felly.

Digwyddai 'nhad fod yn dost ac ni theimlai fel mynd i'r Brij, a chredwch fi, mae'n rhaid ei fod yn dost iawn cyn methu â mynd i'r Brij. Galwodd fi ato ac meddai,

'Mae mogiaid y lle-a'r-lle yn dod i'r Brij heddi. Rydw i wedi eu prynu yn y gorffennol ac maen nhw'n gwneud defed magu da. Rydw i isie i ti eu prynu. Cofia edrych ar eu cegau. Mogion pedair oed ydw i eu heisiau. Nhw sy'n gwneud y defed magu gore. Fe wyddost sut mae darllen oedran dafad? Cofia neud yn siŵr nad oes yr un brocyn mowth yn eu plith. Ma' bois y mynydde 'na yn dueddol o roi cwpwl o'r rheiny i mewn gyda'r lleill. Gwna'n berffaith siŵr fod eu dannedd yn iawn.'

Soniodd ryw 'chydig am y pris y dylwn ei dalu, a dweud y gwir, do'n i ddim yn clywed rhyw lawer erbyn hyn. Ni allwn gredu ei fod yn ymddiried ynof i i fynd i brynu mogion a minnau ond yn un ar bymtheg oed. Sôn am naid o dyfu lan!

Ce's afael yn y poni, ac wrth gwrs, mynd â'r ast ddefaid gyda mi, oherwydd os prynen i nhw rhaid fyddai eu gyrru tua thre. Es o un lloc i'r llall, canys yr oedd 'nhad wedi sôn am fogiaid o leoedd eraill a dweud y dylwn i gael golwg arnyn nhw. Euthum drwy eu cegau yn weddol ofalus a chael eu bod yn iawn. Yna cymryd fy lle wrth ochr y ring, mewn man da i'r ocsiwnîer fy ngweld. Rhain yn driciau yr oeddwn i wedi eu dysgu gyda 'nhad, bid siŵr. A dyma'r awr fawr yn dod, mogiaid y fan-a'r-fan yn dod i'r cylch. Sawl un yn cynnig amdanynt a finne'n amneidio'n betrus. Beth bynnag, dyma'r ocsiwnîer yn codi'r morthwyl, yn troi at y perchennog ac meddai,

'Odych chi'n barod i werthu, Boss?'

'Na, newch 'chydig bach yn well.'

'Dydw i ddim yn credu y cewch chi ragor, odych chi'n gwerthu?'

'Reit, gadewch iddyn nhw fynd.'

Disgynnodd y morthwyl a dyma'r ocsiwnîer yn pwyntio ei fys ataf.

'Cer â nhw am adre i dy dad.'

A dyna wnes i. Roedd saith milltir o ffordd o'r Brij i 'nghartre. Trwy drugaredd doedd dim llawer o geir bryd hynny. Y drafferth fwyaf oedd fod 'na fannau agored ar y ffordd. Dim un ffens a gallai'r defaid grwydro a chymysgu â defaid cyfagos. Ond roedd yr ast yn ofalus ac yn hen gyfarwydd â gyrru diadell o ddefaid. Wedi hir a hwyr cyrraedd y ffald a pha salwch bynnag oedd ar fy nhad ni allai ymatal rhag dod mas i weld fy margen.

Roedd blas arbennig ar swper y noson honno a'r Brij wedi troi crwt yn ddyn, yn ei feddwl e 'ta p'un.

Gruffydd Alun Rhys

Wedi ein hidlo drwy ddau bapur arholiad teirawr yr un (yfflon o dasg i rywun a fu'n gweithio â'i ddwylo) ein gwysio o flaen Bwrdd yr Ymgeiswyr. Cadwyn o wŷr yn eu du gyda choleri gwynion dwfn yn cynnal pennau ysig, a rhywun yn cael ei orfodi i ofyn o dan ei anadl, 'O's gwendid ar fy mhen i fy mod am ymuno â'r criw yma?' Rhaid eu bod yn garedicach na'u golwg. Daeth y mwyafrif ohonom drwy'r prawf.

Yna, wedi'r cymeradwyo, ein cyfeirio ni fechgyn y De i Drefeca. Coleg yr ail gynnig. Mae'n siŵr gen i fod Howel Harries yn troi yn ei fedd wrth ein gweld yn cyrraedd ac yn holi, 'ai dyma ffrwyth y Diwygiad Methodistaidd?' Roedd peth cyfiawnhad i'w sinigiaeth, heb os. Eto, o dan law tri athro, y Prifathro W P Jones — un o'r athrawon gore ge's i, T O Davies — cymêr caredig, a'r swil Hefin Williams, llwyddwyd i gael deunydd amrwd iawn i sefyll arholiad y *Welsh Matric*, a hynny ymhen dwy flynedd. Gwyrth, yn sicr.

A'r flwyddyn y cyrhaeddais i daeth yr un gymysgedd ag arfer, y rhan fwyaf wedi bod yn gweithio am gyfnod. Creithiau rhyw alwedigaeth ar ein dwylo, bron bawb ohonom. 'Na i chi Eben Ebeneser o Landdewibrefi, wedi bod am flynydde yn y Co-op yn Nhregaron, dyna'r rheswm tros ei alw yn Eben Co-op. Ei gyd-letywr yn wahanol iawn iddo. Un o'r breintiedig rai, Eirian Davies a ddaeth yn syth o Ysgol Ramadeg y Frenhines Elisabeth yng Nghaerfyrddin. Gwyn Williams o Faesteg a Puleston Jones o Ben-y-groes, aeth y ddau i feysydd heblaw y weinidogaeth. Fy nghyd-letywr i oedd Glyn Owen o Gaerfyrddin. Ymhen blynyddoedd dilynodd y Dr Martyn Lloyd Jones i'w bulpud yn Llundain.

Un gwahanol iawn oedd Alun Rhys. Fe oedd ein tad ni oll, yn wir ein tad-cu! Ddatgelodd e erioed mo'i oedran. Saer maen wrth grefft a bu'n trin y cerrig am flynydde. Er iddo gefnu ar ei grefft a dilyn y Gŵr, roedd hi'n hawdd gweld mai crefftwr oedd e. Stocyn bach cadarn. Cario'r cerrig wedi magu cyhyrau cadarn yn ei gorff gwydn. Gwisgai'n wahanol hyd y diwedd. Dim o'r du a'r goler gron i Alun. Brethyn gwlân y defaid mân, a rhaid dweud ei fod yn edrych yn urddasol yn ei ddillad gwaith. Rywfodd neu'i gilydd daeth y teimlad fod y garreg y bu'n ei naddu wedi treiddio i'w gymeriad. Roedd gydag e argyhoeddiadau cadarn fel y graig. Fe oedd y cenedlaetholwr cig a gwaed cyntaf i mi ei gwrdd. Hen sosialydd oedd e, wedi gweld y golau, ac mae pob un sy' wedi cael troedigaeth yn fwy brwd a chenhadol.

Yn Nhrefeca yr arferai Howel Harris fyw a gerllaw yn Nhalgarth y cadd ei droedigaeth. Yn Nhrefeca y ce's i fy argyhoeddi ac Alun Rhys fu'r cyfrwng. Ni wn am ba hyd y bu'n gweithio arnaf, ond adawodd e ddim llonydd i mi nes i mi ddod yn aelod o'r Blaid Genedlaethol. Ac ni bu syrthio oddi wrth ras. Rydw i wedi colli stêm mewn llawer cyfeiriad ond mae'r tân a gyneuodd Alun yn fy nghalon yn dal i losgi'n gryf. Wrth gwrs, doeddwn i ddim mor ymroddedig ag Alun. Pwy allai fod? Gwnâi yn siŵr fod y tân yn cael proc deidi bob tro y'i gwelwn. 'Shwt ma'r Blaid yn gwneud gyda chi? Wyt ti'n weithgar?' Ei awr fawr, heb os, oedd buddugoliaeth Gwynfor yng Nghaerfyrddin. Gwynfor yn arwr iddo, fel i lawer ohonom. Roedd y fuddugoliaeth yna yn golygu i Alun fod cadarn geyrydd Philistia yn dymchwel a bod dydd ein rhyddid yn nesáu. Rhoddodd 1966 ystyr i'w fodolaeth.

Cymerai ddiddordeb ysol mewn bwyta'n iach ac yr oedd ei gorff yn dyst i hynny. Mae'n debyg mai ef oedd un o arloeswyr hunan gynhaliaeth. Gofalai am ei ardd ac yr oedd e'n fedrus yn y tŷ gwydr, ac os nad ydw i'n methu, cadwai wenyn. Smo i wedi deall erioed pam mae gweinidogion yn cadw gwenyn. Bydden i'n meddwl eu bod yn cael digon o frathiadau cas heb gocso am rai! Cofiaf ef yn traethu'n huawdl am ddrwg bara gwyn a'r cemegau afiach sydd ynddo. I Alun roedd elfen gyntaf iechydwriaeth yn bwysig iawn, sef *iechyd*. Efengyl i'r dyn cyfan oedd gydag e.

Mae 'na stori amdano, ni allaf fynnu ei bod yn wir, ond fe ddylai fod yn wir oherwydd mae'n nodweddiadol ohono. Pan oedd e yn y Bala ar y Cwrs Bugeiliol, clywodd yr Athro Griffith Rees yn sôn am agweddau ar fugeilio, yn Saesneg, wrth gwrs:

'Gwedwch fy mod i'n mynd i weld athro, wel, siarad am addysg, plant ac ysgol fydden i. A phe bawn i'n aros gyda ffermwr, siarad am ffermio, marchnata ac anifeiliaid. Chi'n gweld, fechgyn, rhaid i chi fynd i'w byd, dangos bod gyda chi ddiddordeb ynddyn nhw.'

Ac meddai Alun, *'And I suppose, Professor Rees, if you stay with a butcher you talk tripe!'* Hŵ-ha fawr a'r athro heb fod yn gwbl bles iddo gael ei drechu. Y saer maen yn defnyddio'i gŷn!

Enaid cywir, chaech chi neb agosach ati a pharhaodd yn ffyddlon i'w weledigaeth ar hyd y blynydde. Aeth i'w fedd â thocyn aelodaeth capel mewn un llaw a thocyn aelodaeth Plaid Cymru yn y llall. Mae Pedr yn siŵr o gael ei berswadio i ymuno cyn bo hir! 'Cu iawn fuost gennyf i.'

Ailgylchu

Nid peth newydd na diweddar yw ailgylchu. Mae'n wir ei fod wedi cael sylw yn ddiweddar, a diolch am hynny, a dïau fod arnom ddyled yn bennaf i'r Blaid Werdd a'i hymgyrchu dygn. 'Angen yw mam pob dyfais' yn ôl yr hen air. Angen oedd yn gyfrifol am yr ailgylchu a wneid yn y gymdeithas y ce's i fy magu ynddi. Yr adeg honno deuai popeth bron i'r fferm mewn sachau. Doedd y cwde plastig na'r rhai papur ddim wedi cyrraedd. Gwrtaith o bob math yn cyrraedd mewn sache, bwydydd anifeiliaid mewn sache, hadau gwair mewn sache, ond yn bwysicach, fflŵr ar gyfer pobi yn cyrraedd mewn sache. Nid dibrisio cynnwys y sache gwahanol 'ma yw dweud bod y sach mor bwysig, os nad yn bwysicach, na'r cynnwys ar dro. Ga' i nodi rhai enghreifftiau o'r ailgylchu. Cofiaf sacheidiau enfawr o fwyd i'r gwartheg godro yn cyrraedd. *UVECO* y'i gelwid a pheth da i helpu'r gwartheg i roi rhagor o laeth. Peth tebyg iawn i Gorn Fflêcs. Wedi gwagio'r sach fe'i agorid, a dyna ichi ddarn digon helaeth i'w droi'n gynfas ac yr oedd galw mynych am gynfasau. Ar ddiwrnod dyrnu un o'r tasgau oedd clirio'r mwnws, sef y man us, peth ysgafn iawn oedd e. Fe'i gosodid yn y cynfas, tynnu'r pedair cornel ynghyd a'i godi ar eich cefn a bant â chi i'r man lle'i cedwid. Roedd isie amryw ohonynt y diwrnod hwnnw oherwydd chwythid cawodydd o'r mwnws o berfedd yr injan ddyrnu a hynny'n golygu fod yno ddigon o waith i dri neu bedwar i gael y gorau arno.

Hefyd, pan fyddech yn bwydo'r anifeiliaid yn y cae roedd eu porthi â chyflenwad o wair yn angenrheidiol, a dyna waith arall i'r cynfas. Torri hyd cyllell o wair, a rhaid cofio bod llafn honno o gwmpas deunaw modfedd a rhaid oedd ei hogi'n dda, canys yr oedd y gwair wedi setlo'n galed a chryn dasg oedd ei dorri. O ganlyniad roedd hyd cyllell yn bwysau sylweddol a gosodech ryw dair hyd cyllell ar ganol y cynfas, tynnu'r corneli ynghyd a cheisio ei godi ar eich cefn. Gan amlaf byddai'n rhaid cael help rhywun oherwydd y pwysau, ond wedi ei gael ar eich ysgwydd gallech fynd ag e a'i osod yn y cratsh i'r defaid neu yn y rhastalau i'r gwartheg, os y caech lonydd ganddynt! Gwyddent am y ddefod ddyddiol hon a byddent yn eich disgwyl ac yn ceisio cael cegaid neu ddwy o'ch cynfas ac weithiau eich maglu i'r mwd! Hen stwff brwnt iawn oedd ciwana, neu a rhoi iddo ei enw swyddogol, *Basic Slag*. Peth anodd i'w drafod oedd e gan ei fod mor drwm. Wedi gwacáu'r sache byddem yn eu cadw, canys deuent yn handi i ddiogelu ein pengliniau pan fyddem yn teneuo mangyls a swedj. Ar ein glinie y gwnaem y gwaith hwnnw, y ddaear yn galed a rhaid oedd cael rhywbeth i warchod ein cnawd. Bid siŵr, roedd y sachau budron yma wedi eu golchi, ond anodd iawn oedd cael y giwana mas i gyd, fel y daethom i wybod yn gynnar iawn. Roedd yr afon Ceunant yn rhedeg gydag ochr maes chwarae ein hysgol. Ar haf twym byddem wrthi am ddyddiau yn cronni'r afon trwy adeiladu argae sylweddol nes y byddai cronfa fawr yno gyda digon o ddŵr i ymdrochi. Ond doedd dim dillad nofio gan neb ohonom. Pethe fel'ny heb gyrraedd ein bro bellenig. Ond angen yw mam pob dyfais, a dyma ni'n dod â llwyth o sache giwana i'r ysgol. Torri dau dwll yn eu gwaelod i'n dwygoes, eu clymu dros ein sgwydde â thipyn o gortyn beindar ac i ffwrdd â ni i'r dŵr atyniadol. Cloch yr ysgol yn canu a mas â ni i sychu ein corpysau gwlyb — ond y fath sioc! Roeddem yn debyg i sebras a streipiau hir du a llwyd wedi glynu wrth ein cnawd ac roedd hi bron yn amhosibl ei symud gan ei fod fel glud. Ond ta waeth am y streipiau, cawsom hwyl yn y dŵr!

Sache fflŵr oedd y rhai mwyaf gwerthfawr. Pobid gartref y blynyddoedd hynny. Pobiad o hanner a hanner fydde hi gan amla, hanner o fflŵr gwyn a'r hanner arall o flawd gwenith a falwyd yn y felin leol. Wedi gwagio'r sache fe'u golchid yn ofalus. Yna âi'r gwragedd ati i wneud ffedogau a bratiau ohonynt gyda'r enw *Spillers* yn amlwg ar draws eu cyrff. Ymhell cyn yr arfer presennol o wisgo dillad gydag enwau gwahanol arnynt, fe wneid hynny yng nghefn gwlad. Onid yw ffasiwn yn troi mewn cylchoedd? Rwy'n credu 'mod i'n gywir pan ddweda' i fy mod yn cofio Mam yn gwinio dwy ynghyd a'u troi'n gynfas i'w roi ar wely. Gwneid hynny yn weddol gyffredin ac yr oedd galw mawr am y sachau 'ma gan wragedd y pentref. Rwy'n meddwl y galla' i ddweud fy mod i nid yn unig wedi bwyta blawd *Spillers* ond fe gysges ar eu sachau hefyd!

Go brin y gallech chi fynd i unrhyw dŷ fferm heb fod mat i sychu traed o flaen y drws. Mat wedi ei wneud o sach oedd e, bid siŵr, ac wedi ichi fynd i'r tŷ byddai mat hir yn ymestyn i ganol y gegin, hwnnw eto wedi ei wneud â'r sache. Gwaith anodd oedd sgwrio'r lloriau cerrig, felly roedd hi'n angenrheidiol eu diogelu rhag faw y gweithwyr a ddeuai o'r ffald a'r maes a'r rheiny fynychaf yn gagal i gyd.

Do, fe gerddom ni i gyd ar *Tate and Lyle, Spillers a Clibrans*. Nhw oedd ein carpedi persiaidd ni, heb os.

Mae 'na ddihareb, onid oes, sy'n dweud 'Cadw dy afraid erbyn dy raid'? Dyna a wneid wrth ailgylchu'r sache hyn, heb os.

Y Cipar

Nid nepell o 'nghartre roedd plas Trawsgoed, cartref yr Iarll Lisburne. Roedd hi'n stad fawr yr adeg honno. Ar y ffordd i Lanafan yn y gwanwyn fe welech gawodydd o phesantod. Ni wn i faint a fegid gan y ciperiaid; cannoedd heb os. Wedi iddynt ddod i oed mynd dros y nyth fe'u gollyngid yn rhydd ac ar ôl cynaeafu'r ŷd fe'u gwelech yn hela'r sofl. Yn yr hydref cynnar byddai'r Lord, yn ôl arfer ei dras, yn gwahodd ei gyfeillion yno am ddiwrnod o saethu. Câi'r werinos wahoddiad i ffusto, sef cerdded y manwydd yn y coed i godi'r adar o'u cuddfannau fel y gallai gwŷr y gynnau gael cyfle i'w bagio. Roedd y mynych danio yn drysu llawer o'r adar a bwrient bant yn eu cyfer i chwilio am ddiogelwch. Gwelais amryw yn cyrraedd ein hydlan ni. Yno'n hollol hurt, ac heb fawr o drafferth, hawdd oedd eu dal. Er nad oedd ein lle ni ar dir y Lord, doedd gennym ni ddim hawl i fachu ei phesantod. Ei eiddo ef oeddent ble bynnag yr aent a phe clywai'r ciper i chi roi eich llaw ar un ohonynt, byddai'n clapian wrth y Lord. Ond cystal i mi gyfaddef ar goedd gwlad inni gael aml i ginio dydd Sul ar draul y Lord, a phryd ffein oedd e hefyd. Yn wir, roeddem yn edrych 'mlân at ddyddie'r saethu yn Nhrawsgoed. Albanwyr yn gyffredinol oedd y ciperiaid. Byddai'r arglwyddi yn mynd i hela i'r Alban ac yn cyflogi rhai a hyfforddwyd ar y stadau yno. Eu tasg, bid siŵr, oedd gwarchod buddiannau y Lord a gwnaent hynny gyda gormod o sêl yn ôl yr ardalwyr. O ganlyniad, doedd y berthynas rhyngddynt a'r werin ddim yn dda, weithiau'n ddrwg. Ce's fy magu ar stori lên gwerin am giper a ddaeth i'w ddiwedd trist oherwydd drwgdeimlad rhyngddo a rhai o denantiaid y plas. Fel pob stori lên gwerin tueddant i dyfu wrth dreiglo o genhedlaeth i genhedlaeth. Ni allaf honni bod y stori, fel y'i clywais hi, yn ffeithiol gywir. Mae'n siŵr fod ychwanegu wedi digwydd ac wrth gwrs, mae'r stori fel y daeth hi i'm clyw i yn achub cam y werin. Beth bynnag, dyma hi. Pe baech yn mynd i fynwent eglwys y plwyf yn Llanafan fe welech fedd ciper a saethwyd, yn ôl pob tebyg. Un cas a ffiaidd oedd e, a'r werin yn benderfynol o'i gael. Rhyw noson bu sgarmes a thaniwyd ergyd o ddryll a syrthiodd y truan yn gelain. Wedyn bu helynt. Yr heddlu'n chwilio am y llofrudd; cerdded i holi yr ardalwyr am wybodaeth, ond tawelwch eitha a môr o fudandod a fu! Neb yn gwybod dim. Weithiau credai yr heddlu eu bod ar ei drywydd, ond methu a wnaethant pob tro. Unwaith, â'r heddlu yn beryglus o agos ato, fe'i cuddiwyd yn y pwll o dan y rhod ddŵr a honno'n malu! Sut yn y byd y daeth oddi yno'n fyw, does neb a ŵyr! Ac wrth gwrs, ni freuddwydiodd yr heddlu am edrych mewn lle felly. Dro arall a hwythau yn dynn ar ei sodlau eto fe ddiflannodd. Fe'i cuddiwyd yng ngwely gwraig a oedd ar fin esgor! Y cyfan yn dyst i barodrwydd ardal gyfan i warchod yr euog, a bid siŵr, yn ei warchod am eu bod yn ystyried iddo wneud cymwynas â hwy. Beth bynnag, roedd hi'n mynd yn dwym iawn arno, felly dyma gynllunio i'w gipio o'r wlad a'i hebrwng i'r Amerig. Ond roedd siwrnai faith i Lerpwl i ddal llong. Bu paratoi gofalus a gadawodd bentref heb fod ymhell o Drawsgoed mewn car a phoni. Erbyn iddo gyrraedd Aberystwyth roedd e wedi newid ei ddillad, ac felly y bu gydol y daith. Gŵr gwahanol a gyrhaeddai yr holl bentrefi a threfi ar hyd y siwrnai! Fe'i cafwyd i'r llong heb i'r heddlu ei ddal ac yn ôl y stori bu'n byw ar arfordir gorllewinol America am flynyddoedd, yn ŵr defnyddiol mewn byd ac eglwys. Wedi eich magu ar stori fel'na go brin y medrwch chi ystyried bod y cipar yn un caredig iawn. Rhan o'r gyfundrefn a orthrymai'r werin oeddynt a rhai ohonynt yn ymhyfrydu mewn gorthrymu.

Ond fe ddylwn eich sicrhau nad oedd pob cipar mor galed. Cofiaf un a oedd yn flaenor Methodist parchus. Deuai ei dad o'r Alban ac roedd wedi dysgu Cymraeg. Fe oedd codwr y gân yn y capel a rhyw fore Sul lediodd y gweinidog emyn ond yn ei fyw y gallai hwn daro'r dôn. Dyma'r gweinidog yn pwyso dros ochr y pulpud a dweud, 'Gyfaill, mesur byr yw e.'

'Ma' fe'n rhy fyr i fi ga'l gafel yn ei gwt e, 'ta p'un,' oedd ei ateb yntau.

Rhyw noson cynhelid cwrdd gweddi — cwrdd diolch am y cynhaeaf. Bu'n haf drwg a llawer o'r cynhaeaf wedi mynd yn ofer. Ychydig ddyddiau cyn y cwrdd diolch sychodd yn eitha da ac aeth hwn ati i roi'r stacane mewn mydyle. Ond yn ystod y noswaith cyn y cwrdd cododd yn wynt mawr, daeth i fwrw'n drwm a chwalwyd y mydyle i gyd. Roedd llanast enbyd yn y cae, a dyma hwn ar ei linie yn y cwrdd gan siarad yn gwbl gyfeillgar â'i Arglwydd:

'Rwyt ti'n gwybod, Arglwydd, ein bod wedi ca'l haf sâl iawn . . . sobor o sâl. Ddau ddiwrnod yn ôl fe lwyddon ni i fydylu y ca' o dan y ffordd, ond nithwr fe dde'st Ti â dy hen wynt mawr a'i hwthi nhw â'u tine lan, ac ma' nhw'n socan erbyn hyn!'

Siŵr i'r Brenin Mowr gael hwyl. Os oedd rhai o'r frawdoliaeth giperaidd yn wrthrychau atgasedd mewn ardal, roedd rhai ohonynt yn fwy na derbyniol gan ddyn a Duw ac erys coffadwriaeth am y rheiny yn fendigedig.

Smo i'n poeni bod y ciperaid wedi mynd, ond rwy'n gweld isie ambell ffesant i ginio dydd Sul!

Sipsiwn

Mi rydw i'n groen gwydde bach i gyd pan glywa' i rai yn difrïo sipsiwn. Alla' i ddim deall chwaith y cymunedau rheiny sy'n eu herlid a'u trafod fel gwahangleifion esgymun. Nid sôn am 'bererindotwyr yr oes newydd' sy'n disgyn fel pla o locustiaid ar ardal ac yn rhacso a rhwygo popeth a gadael anialwch o'u hôl ydw i. Na, na, sipsiwn go iawn sy' gen i, ac y mae fy agwedd tuag atynt wedi ei liwio gan dri phrofiad a gefais.

Milltir go dda oedd o 'nghartref i i'r ysgol ym mhentref Llanfihangel-y-Creuddyn; milltir wledig, heb na thŷ na thwlc yn unman. Tua hanner y ffordd roedd ciltyn o dir glas, digon llydan i osod dwy neu dair carafán arno, a nawr ac yn y man deuai'r sipsiwn yno. Rhyw gerdded o'r tu arall heibio a wnaem, ond yn llygaid a chlustie i gyd. Paratoi i gael brecwast yr oedden nhw pan aem tua'r ysgol fel rheol. Tanllwyth o dân coed yn ffrwydro cenlli o wreichion a gollwng ambell gawod o fwg a honno yn cau amdanom os oedd y gwynt yn chwythu o'r gorllewin. Ar y tân roedd y tecell mawr yn gori ar drybedd ac yn gollwng digon o stêm i yrru trên bach Pontarfynach. Gerllaw y carafanau roedd dwy neu dair o ferlod yn pori o sach a hongiai wrth eu ffrwynau. Bwyta o breseb neu rastal wnâi ein ceffylau ni, ond nid oedd dim o'r fath i'w cael i'r rhain, felly rhaid oedd dyfeisio ffordd i borthi'r anifeiliaid, ac yn ôl eu gwedd roeddynt ar ben eu digon. Lliw y rhain a apeliai atom, rhai peibol a sgriwbol, smotiau duon ar un a rhai brown ar y llall. Weithiau byddai yno ebol bach a'r lliwiau arno yn gyfareddol. Wedi eu clymu wrth raff go hir ceid pâr neu ddau o gŵn. Nid cŵn defaid fel ag a oedd gyda ni ar y fferm, eithr milgwn a whipet. Defnyddid y rhain i gwrso cwningen neu sgwarnog, ac wrth gwrs, dibynnent i raddau helaeth ar yr hyn a helient.

Ar stepen drws y garafán ceid ceiliog a chwpwl o ieir, ar dro. Nid rhai cyffredin fel ein Weiandots a'n Plymouth Roc ni, eithr Indian Game. Y math a ddefnyddid yn y talwrn i ymladd ceiliogod slawer dydd. Mae'n rhaid gen i eu bod yn cysgu yn y garafán. Rwy'n cofio gofyn amser swper ryw noson, 'Ble ma' ieir y sipsiwn yn dodwy?' a'r ateb a gefais oedd:

'Yn y sosban yn barod i'w berwi.'

Er bod yno lawer o bethau i'n llygad-dynnu, roeddem yn eiddigeddus iawn o un peth. Roedd nifer o blant o gwmpas, yn hanner noeth gan amlaf, ond yn twymo yng ngwres y tân agored. Ni phoenent hwy am gloch ysgol na gwers, a dyna lle'r oeddem ni ar ein ffordd i'n caethiwed dyddiol yn gorfod eistedd ar ddesgiau caled. Y rhain yn cael mwynhau'r awyr agored a dilyn y cŵn i ddal cwningen. Apeliai'r bywyd nomadig yn fawr atom!

Mae gen i atgof byw iawn arall hefyd. Deuai Mr a Mrs Barren ar eu tro a chaent osod eu carafán ar un o'r caeau nid nepell o'n tŷ ni. (Gwyddem eu bod hwy yn wahanol am ein bod yn eu hadnabod wrth eu henwau. Ni wyddem pwy oedd y sipsiwn ar y ffordd i'r ysgol.) Câi ceffyl Mr a Mrs Barren bori yn y cae, nid hel ei damaid ar fol clawdd. Roedd eu henwau yn goglais ein dychymyg. Onid mynd â barrens i'r ffair a wnâi 'nhad? Peth rhyfedd i ni oedd bod pobol yn gwisgo enw buchod hesb! Bwsnogydd oedd ein henwau ni arnynt. Pam yr estynnid cynifer o freintiau i'r ddau yma? Ni wn. Sipsiwn oedden nhw, ond eto yn rhai o doriad gwahanol iawn. Cofiaf yn dda i ni gael ein gwahodd i de atynt rhyw brynhawn Sul. Wydden ni ddim be i'w wneud â'r gwahoddiad. Ni fu yr un ohonom y tu mewn i garafán erioed heb sôn am gael te mewn un. Rhyw gymysgedd o edrych ymlaen a thipyn o ofn oedd y teimlad, a doedd yr ofn ddim yn lleihau pan fynnai rhai mai brogaod a malwod wedi eu coginio a gaem i de. Mynd a wnaethom a chael croeso i'w ryfeddu. Chofia' i ddim am y te, dim ond digon i fedru dweud na chawsom falwod na brogaod. Un peth sy' wedi glynu serch hynny, sef glanweithdra y lle. Pob dim yn sgleinio. Gallech fwyta oddi ar y llawr ac yr oedd y wraig wedi casglu llawer o ganhwyllbrennau pres, rhai o wahanol faintioli, a'r rheiny mor lân fel y gallech weld eich llun ynddynt. Gallem weld bod y gwely ym mhen pella'r garafán, ond roedd cyrten yn ei gau oddi wrthym. Mae 'na lawer o gwestiynau yr hoffwn i eu gofyn. Ar beth yr oedd y pâr yma'n byw? Nid sipsiwn casglu rhacs a hen offer oeddynt. O ble y daethant, ac i ba le yr aent wedi ein gadael ni? Beth a ddaeth ohonynt, tybed? Cwestiynau nad oes gen i obaith cael ateb iddynt. Eu hadnabod hwy sy' wedi peri i mi weld y sipsiwn â llygaid caredig 'ta beth.

Gwahanol iawn yw fy nhrydydd atgof am y sipsiwn. Dod ar ymweliad achlysurol wnâi'r rhain. Dod fel teulu. Rhyw gar fflat oedd ganddynt a deuent o barthau Aberystwyth i werthu a chasglu. Dydw i ddim yn cofio gweld y wraig heb blentyn mewn siôl yn ei breichiau a chadwyn o'r tu ôl iddi. Byddai Mam yn barod amdani canys y peth cyntaf a wnâi oedd bwydo'r plant a rhoi basned o gawl i'r wraig. Fel diolch byddai honno'n estyn rhyw ddwsin o begiau i Mam. Gan amlaf byddai ganddi ddewis o duniau hefyd, megis tuniau ar gyfer crasu bara. Roedd ganddi, ys dywedai Mam, ddewis o bob math o jingilaris, un o'r rheiny oedd safety pins mawr. Byddai'r dynion isie'r rheiny o hyd i fachu sach am eu sgwyddau i daflu cawod o law. Tra byddai hi yn porthi'r pum mil ar stepen y drws a gwerthu 'chydig o nwyddau, byddai ei gŵr wedi chwilio ei ffordd i'r stabal neu'r beudy. Bob amser â sach ar ei fraich ceisiai lond y sach o tsiaff i borthi ei anifeiliaid. Chadd e erioed mo'i wrthod. Aent o'r ffald a'u boliau'n llawn, a Mam bob amser yn llawn cydymdeimlad â'r wraig yma a fagai deulu o dan amgylchiadau digon anodd.

Mae'r sipsiwn oedd ar y ffordd i'r ysgol ac olion eu tân coed wedi hen ddiflannu. Rwy'n dal i gofio eu ceffylau lliwgar, atyniadol. A faint roddwn i am gael fy ngwahodd i de dydd Sul gyda Mr a Mrs Barren? Mae'r cwestiynau'n barod gen i, ond smo nhw yno i'w hateb. Pwy gadd ei chanwyllbrennau pres, tybed? A be dda'th o'r cruglwyth o blant a gariodd y wraig tuniau bara ar draws y wlad? Mae'n siŵr iddyn nhw gael gwell bywyd na'u rhieni o leia, a gallaf gysgu'n esmwyth gan na chawsant eu herlid o'n lle ni. Byddai bywyd wedi bod yn llai cyffrous ac yn llawer tlotach hebddynt.

Chwalu

Rhwng Clangaea a Chlame roedd 'na brysurdeb mawr ar y fferm. Y gwartheg a'r ceffylau gwaith wedi eu clymu a'r dasg foreol oedd carthu. Carthu'r beudy a'r stabal. Byddem yn mynd â'r carthion i'r domen a oedd ar ben isa'r ffald a honno'n tyfu'n feunyddiol. Gosodid plancyn arni er mwyn hwyluso'r ferfa i fynd i'w brig. Erbyn diwedd yr wythnos roedd wyneb y domen yn debyg i wyneb y lleuad, yn dwmpathau a phantiau anwastad a'r dasg bob Sadwrn oedd chwalu'r twmpathau, eu gwastatáu a chodi'r plancyn. O dipyn i beth, fel y tyfai'r domen fe âi'r plancyn yn reit serth, yn gwmws fel cerdded crib tŷ. I lwyddo gyda llwyth o ddom rhaid oedd mynd 'nôl i ganol y ffald a chodi spîd o'r fan honno, gan obeithio bod digon o impetws gyda chi i gyrraedd pinacl eithaf y domen uchel! Roedd Walter wedi ysgwyddo cyfrifoldeb carthu'r beudy cyn troi i'w faes i dynnu eithin. Trempyn oedd e ond un hynod ofalus o'i berson, ac ar fore Sul roedd fel pin mewn papur yn ei wasgod lewys frethyn cartref, trowser melfaréd bron-yn-wyn gyda iorcs, 'chydig yn is na'r pengliniau a'i sgidiau'n sgleinio. Roedd gydag e awgrym o herc. Mynnai iddo gael niwed pan chwalodd tanad enbyd y pwll a'r gymuned yn Senghenydd. Collwyd dros bedwar cant o ddynion yno. Doedd neb yn siŵr a oedd Walter yn dweud y gwir. Beth bynnag, y bore Sul hwn Walter, fel arfer, oedd yn carthu'r beudy a dyma fe'n ffyrlincan ei ffordd i ganol y ffald a dechrau gyrru i gyfeiriad y domen. Tua hanner y ffordd lan llithrodd a disgynnodd ar ei drwyn i'r hylif du a nofiai o'i flaen. Pan ddaeth ato'i hun, dyna lle'r oedd e yn chwythu bygythion a chelanedd ac yn eu hanelu ata' i, am mai fi oedd wedi codi plancyn y domen y Sadwrn cynt! Bytheiriai, 'Ble ma'r llygoden ffyrnig yffarn 'na?' Cuddio wnâi honno, alla' i ddweud wrthych chi, canys gwyddwn am ei dymer wyllt a byddai wedi fy chwalu pe câi afael arnaf.

Deuai adeg pan oedd rhaid clirio'r domen a mynd â thipyn ohoni i'r rhychau lle plennid y tatws a'r mangyls. Wedi cyrraedd y cae codid corff y cert fel y byddai'n goleddu, cyn symud y tincart a gafael mewn cramp, (rhyw fath o raca oedd hwn gyda phigau fel cranc). Yna, gafael mewn cwlffyn teidi

75

o'r dom ac adeiladu twrin go lew yn y rhych. Yna, symud ymlaen rhyw bum llath a gosod twrin arall yno. Os da y cofiaf, roedd rhyw wyth i ddeg twrin ar bob llwyth. Erbyn diwedd y dasg roedd pentyrrau duon ledled y cae. Y gwaith nesaf oedd eu chwalu a'u gosod yn stribedi ar waelod y rhychau, er mwyn plannu tatw yno. Dyna pryd y caech chi gwmni. Cawodydd ohonynt. Adar o bob rhywogaeth. Nefoedd i naturiaethwr a chyw naturiaethwr. Disgynnent yn gwbl echon ar y twrin. Cymryd fawr o sylw ohonoch. Roedd y domen wedi bod yn fagwrfa doreithiog i bryfetach a gwyfynod o bob math. Nawr roedden nhw ar gael i'r adar a dyma'u cyfle i loddesta. Yn wir, fwy nag unwaith, a minne â phicwarched o ddom ar flaen y bicwarch bedair pig yn barod i'w gwasgaru, disgynnai'r adar ar honno, a bachu eu pryd. Rwy'n cofio'n iawn fod adar yr eira yno'n lleng — y fronfraith, deryn du, robin goch, titw tomos las, sigl-di-gwt, ac wrth gwrs, deuai'r frân a'r gigfran a'r gwylanod sy'n hoffi lloffa ar bob math o domen. 'Chydig yn nerfus oedd yr adar bach pan ddeuai'r rheiny i'r cwmni. Smo i'n cofio sgarmes na ffrwgwd. Pob un wrthi fel lladd nadredd yn llenwi'i fol. Anghofia' i fyth un tro rhyw sŵn gwichian isel. Sŵn rhywbeth mewn helynt. Er sbio a sbio methu'n deg â gweld dim, ond deuai'r sŵn yn nes ac yn nes. O'r diwedd roedd wrth fy sawdl. Cwningen fach, lefren go lew, ei dwy glust yn un â'i gwar. Ei llygaid yn llawn ymbil am help ac yn dorrog o ofn. Crynai fel deilen. Wedi ei pharlysu'n hollol. Rai llathenni o'r tu ôl iddi gwelwn wenci. Eisteddai honno fwy neu lai ar ei phen ôl, ei dannedd wedi eu dinoethi a'i thrwyn yn nerfus ffroeni ei phrae. Roedd yn ysu am waed a gwyddai ei bod o fewn eiliad i'w phawen. Pan welodd fi â phicwarch yn fy llaw rhoddodd frec ddisymwth ar ei greddf. Cydiais yn y lefren fach, ei hanwylo am ysbaid a lluchio darnau o bridd at y wenci er mwyn ei gyrru ar ffo. Amharod oedd hi i droi ar ei sawdl. Gwelwn wrthi ei bod mewn ysbryd heriol. Byth oddi ar hynny fu dim golwg gen i ar wenci. Yn wir, mae arna' i beth o'i hofn, canys dywedwyd wrthyf y gallant frathu os ataliwch nhw a hwythau ar warthaf eu hysbail, a does amheuaeth nad oedd hon yn ystyried hynny.

Os oedd isie bwyd ar adar ac ar y wenci, wel, roeddem ninnau hefyd yn troi ein golygon yn reit fynych i gyfeiriad y gât a arweiniai i'r cae. Daliais Walter yn llygadu ac meddwn wrtho, 'Ry'ch chi'n barod am fwyd. Odych chi bron a chlemio?'

'Mowredd, Twm bach,' medde fe, 'fe fytwn i benne pryfed pe bawn i ond yn ca'l pupur a halen arnyn nhw!' Yr oedd 'na dybiaeth fod chwalu dom yn codi archwaeth. Clywais fwy nag unwaith ddweud, 'Fe ddaw i fyta ar ôl diwrnod o chwalu tail,' a does gen i ddim lle i amau'r dybiaeth. Un peth a wn, byddwn i'n bwyta fel ceffly, 'ta p'un. Mynediad am Ddim sy'n canu cân ddwli am 'Wa Mac Spredar', o leia, dyna ddywedodd un o aelodau gwreidd-iol y grŵp wrtho' i. Llurguniad o Myc Spredyr, mae'n debyg. Rydw i'n eitha bodlon i unrhyw un gael myc spredar. Mae lot i'w ddweud o'i blaid, siŵr o fod. Ond go brin y byddwn i'n fodlon newid cwmni adar a chymeriadau a oedd yn gwneud y chwalu'n bleserus. Gwell gen i, fel yr adar, yw pigo a fynnaf o'r twrin a chael amser i'w flasu. A 'na beth od, mae chwalu dom yn troi'n brofiad hyfryd mewn atgof, yn rhywbeth i lyfu gweflau uwch ei ben!

Y Ddinas

Ar ôl bod yn Efrog Newydd am ryw fis, fwy neu lai, roeddwn i'n ymbalfalu am yr union air neu ymadrodd i grynhoi fy mhrofiad. Yr unig beth a gynigiai ei hun oedd ' . . . a'r pellter oedd rhyngddynt oedd fawr.' Enfawr a dweud y gwir. Ac yr oedd y pellter a'r dieithrwch yn brofiad dyddiol. Gwladwr o ganol Shir 'Berteifi oeddwn i, wedi ei luchio i ganol y jyngl goncrid yma. Roeddwn i'n ffodus. Un o amodau y gymrodoriaeth a estynnwyd i mi gan yr *Union Seminary* oedd fy mod yn byw gyda phedwar ar hugain o bob parth o'r byd. Byw fel cymuned. Un o brofiadau cyfoethocaf fy mywyd ac yr oedd y gymuned hon yn hafan hyfryd i droi iddi mewn dinas fel Efrog Newydd. Fe dde's yn gyfeillgar iawn â gweinidog o Norwy, ac rydym wedi parhau'n gyfeillion. Roedd yn ddewin am gael hyd i'w ffordd o gwmpas y ddinas, a chydag e de's i adnabod rhannau helaeth ohoni. Cynhaliai'r Coleg genhadaeth yn nwyrain Harlem a disgwylid inni fynd yno yn awr ac yn y man, i gynorthwyo gyda gwahanol dasgau. Ardal ddifreintiedig yw dwyrain Harlem. Mae geiriau'n diffodd wrth geisio disgrifio ei henbydrwydd. Tlodi, trais, diweithdra, drygiau, alcoholiaeth — i nodi ond ychydig. Roedd y lle yn ddychryn ac yn hunllef a Llanfihangel-y-Creuddyn yn ymddangos fel nefoedd ar y ddaear o'i gymharu â'r uffern yma. Roedd eglwys fawr gan y Bedyddwyr yno. Bu brawd Paul Robeson yn weinidog yno am gyfnod sylweddol, ac yno y bu gwasanaeth angladdol y canwr byd enwog. Ce's wahoddiad i bregethu yno gyda rhyw dair mil o wrandawyr a phob un â gwyntyll yn chwifio yn ei law. Roedd hi'n boeth iawn oddi mewn ac fe estynnwyd un i mi. Sylwais eu bod yn rhodd gan drefnydd angladdau a phe bai rhywun yn methu cael ei wynt yn yr oedfa byddai hwn yno i'w symud yn ddi-oed. Gwasanaeth anffurfiol iawn oedd e ond eto'n gynnes a brwd. Rheffyn o gasgliadau, a phan ddaliwyd y plât o fy mlaen am y pedwerydd tro troais at y gweinidog a eisteddai wrth f'ymyl a gofyn:

'I beth mae'r casgliad 'ma?'

Pwyntiodd at eitem ar y daflen brintiedig, *'Guard Protection Fund'*.

'Beth yw hynny,' gofynnais.

'Sylwoch chi ddim fod 'na warchodwr wrth y drws a dryll gydag e.'

'Naddo.'

'Mae e yno, ac un arall yn y cefn, y ddau yn gwarchod yr oedfa oherwydd, ar dro, daw criwiau o ieuenctid i mewn ac ysbeilio'r plât casglu. Mynd â phob dimai, a rhaid gwarchod yr offrwm. Ma' hynny yn costio rhyw bymtheng mil o ddoleri y flwyddyn i ni.' Parhaodd yr oedfa am oddeutu ddwy awr a hanner. Wedi'r oedfa dyma'r gynulleidfa fawr yn symud fel un gŵr i stafelloedd eang o dan yn y capel. Ceginau helaeth yno a chinio wedi ei baratoi i bawb. Digon o ddewis ar y fwydlen i gwrdd â phob chwaeth a gofyn. Doeddwn i ddim yn deall yn iawn pam eu bod yn aros i ginio, ond fe ge's yr ateb. Llawer ohonyn nhw'n byw mewn fflatiau yn y cylch ac yn ofni rhoi eu pig mas yn ystod yr wythnos oherwydd natur dreisgar y gymdeithas. Clywent beunydd beunos am rywrai yn cael eu lladd a'u hysbeilio. Felly, doedd dim amdani ond bolltio'u hunain yn eu celloedd. Y Sul oedd yr unig adeg y deuent mas a chaent gyfle i gwrdd â ffrindiau a chael sgwrs tros ginio a gwneud hynny heb ofni niwed. Roedd yno rhyw ddeunaw o weinidogion a threfnai'r rheiny gadwyn o warchodwyr i hebrwng y rhain i'w cartrefi a gwneud trefniadau i'w casglu y Sul dilynol. Allech chi lai na chynhesu at y gofal a'r consyrn, a'r eglwys yn gysgod i'r aelodau. Mynnai'r ymadrodd hwn ddychwelyd a chanu yn y co': ' . . . a'r pellter oedd rhyngddynt oedd fawr'. Dwy oedfa mewn dau fyd gwahanol oedd oedfa yng nghapel Cynon wledig a hon ynghanol cymhelri'r jyngl, ond eto, fe deimlwn fod hon yn fwy ystyrlon a pherthnasol. Fe'i ce's yn adfywiol iawn ei rhin ac yn ôl ymateb y gynulleidfa, gwerddon mewn anialwch oedd hi a chawsant y dyfroedd bywiol i'w drachtio.

Mynnai fy nghyfaill o Norwy ein bod yn mynd i Times Square rhyw nos Sadwrn. Mae'r sgwâr enwog hwnnw yn lle bywiog ddydd a nos. Tŵr Babel o ieithoedd yn plethu a'r byd cyfan yno, heb os. Siopau o bob math yn gwerthu cymysgedd o jingilaris a llawer ar y palmant yn hwrjio'u nwyddau arnoch. Eraill yn begera ac yn y berw terfysglyd hwn rhaid oedd ichi ofalu am eich pocedi! Mae dwgyd yn rhemp yno, a dyw goleuadau sy'n wincio lliwiau gwahanol ddim yn help. Maent yn tueddu i'ch dallu. Yn ddiarwybod i chi fe'ch tynnir i mewn i'r pair berwi hwn, ac ma' dod mas ohono yn gryn gamp. Ac wedi i chi ddod mas ohono mae'n dal i chwyrlïo yn eich enaid am oriau. Fe allwch chi adael Times Square ond ni wnaiff Times Square eich gadael chi am sbel go lew. Wedi treulio cwpwl o oriau yno roeddwn i'n siŵr fod sgwâr Llanfihangel-y-Creuddyn ar nos Sadwrn yn well lle i fod ynddo. Yn sicr yn ddiogelach, ac heb os yn hyfrytach i feddwl ac enaid. Ond y nos Sadwrn hwn ar gopa un o'r adeiladau, fflachiai golau neon a gyhoeddai y newyddion diweddaraf. Sylwais mai'r newydd a dasgai oedd *'Negro Leader stabbed in New York'*. Ni chymeres fawr o sylw o'r peth ar y pryd gan fod hyn yn digwydd o hyd, ysywaeth. Trannoeth, roedd y papurau'n llawn o'r stori a chawsom mai enw'r arweinydd Negroaidd oedd Martin Luther King. Casglais pob erthygl a allwn amdano a mynnu gwybod mwy am ei fudiad di-drais. Wedi dod i archfarchnad yn Harlem i lofnodi ei lyfr cyntaf oedd e y nos Sadwrn hwnnw a gwraig ddu orffwyll yn plannu twca ynddo a'i blaen bron â chyffwrdd ei galon. Bu'n ymladd am ei fywyd am ddyddiau, ond trwy drugaredd fe'i achubwyd. Y pennawd mewn golau trydan a gyneuodd fy niddordeb i yn yr arweinydd Negroaidd nodedig hwnnw. Er imi dreulio blwyddyn hapus iawn yn Efrog Newydd, roeddwn i'n eitha balch i gael dychwelyd, ac yr oedd yr ymadrodd a gododd i'r wyneb i grisialu fy mhrofiad wedi imi fod yno am fis yr un mor wir ar ddiwedd y flwyddyn: '. . . a'r pellter oedd rhyngddynt oedd fawr'. Ond mae bywyd wedi bod yn gyfoethocach am i mi gael profi y ddeufyd, a dweud y gwir fe'i cawn hi'n galed heddiw i ddewis rhwng y ddau. Falle mai'r gyfrinach yw cael tipyn o'r ddau, ac fe'i ce's.

Mae rhywfaint o'r bwystfil yn llechu yn seleri pawb ohonom ac mae'n haws i hwnnw gael ei ffling yn Efrog Newydd nag yw hi yn Llanfihangel-y-Creuddyn. Ai dyna'r gwahaniaeth rhwng bod yn wâr ac ar ymylon anwarineb? Mae rheswm mewn galw Efrog Newydd yn jyngl goncrid felly.

Yr Alcoholig Llon

Synnwn i fochyn nad ydw i'n ei 'nabod o. Diau i lawer ohonoch weld y ffilm honno ar S4C ers talwm, *Yr Alcoholig Llon*, a Dafydd Hywel yn rhoi un o'i berfformiadau mwyaf grymus. Roedd 'na gymeriad go iawn yn cael ei bortreadu. Gwir fod dychymyg wedi mowldio'r stori, a'i newid mewn mannau, ond mae'r cymeriad y seiliwyd y stori arno yn adnabyddus i rai ohonom. Bu mewn a mas o'r carchar bymtheg neu ragor o weithiau. Wedi troseddu o dan ddylanwad y ddiod bob tro, a châi rhwng mis a chwe mis fel rheol. Roedden nhw wedi dod i'w adnabod yn dda yn y carchar a châi ei osod i weithio yn y gegin. Yn weithiwr da a deche. Un tro, roedd syched enbyd arno am ddafn o ddiod, ond doedd dim i'w gael yn y carchar, bid siŵr. Rhaid oedd dyfeisio ffordd o 'neud tipyn felly, a hynny heb fod y sgriws yn ei lygadu. Yr hyn a wnaeth oedd symud y ddiffoddwr tân a'i wagio, yna ei lenwi â sudd ffrwythau, oren neu rawnffrwyth neu unrhyw sudd a oedd wrth law. Yna gollwng talpyn o furum i ganol y sudd a rhoi cyfle iddo eplesu. Cadwai lygad barcud ar y botel ar y wal, canys ar dro, ffrwtiai ei chynnwys yn ewyn gwyn ar ei genau. Rhaid oedd sychu ei gweflau yn barhaus rhag i'r sgriw sylwi ar y ffenomenon annisgwyl hon. Rhyw ddiwrnod roedden nhw'n paratoi sglodion tatw i ginio. Llond crochan mawr, digon i ryw dri dwsin ar y tro. Aeth y crochan ar dân a neidiai fflamau cynddeiriog i gyfeiriad y nenfwd. Rhedodd y sgriw gynted ag y medrai am y diffoddwr tân a dechrau pwmpio ei gynnwys i'r fflamau, gan obeithio eu dofi. Ond mwyaf yn y byd o hylif a chwistrellai ef ar y tân, mwyaf y cynyddai'r fflamau. Llosgodd ei gap wrth geisio dofi llid y tân. Beth bynnag, daeth i wybod yn fuan fod rhywun wedi newid cynnwys y botel a'i fod wedi porthi'r fflamau ag alcohol, a hybu tân wna hwnnw, nid ei leddfu. Doedd fawr o amheuaeth ym meddwl y swyddogion pwy wnaeth y drygioni hwn a chadd ei gosbi drwy ei osod mewn cell unig am ddeg diwrnod ar hugain. Dyna'i stori e o leia, ac rwy'n dweud hynny am na fedrwch chi fod yn rhy siŵr pryd mae alcoholig yn dweud y gwir. Maent fel rheol yn gelwyddgwn athrylithgar.

Fe'i clywais yn dweud bymtheg o weithiau ei fod wedi claddu ei fam, ond mae ei fam yn fyw, a phe bai raid gallwn roi ei chyfeiriad ichi. Y tro diwethaf y'i gwelais roedd hi mor iach â chneuen, ond mae e wedi ei chladdu droeon. Ei arfer (pan fyddai heb hepsen, a syched trwm arno) oedd mynd i guro ar ddrws rhywun, sefyll yno'n druenus ar y trothwy ac adrodd ei stori druenus:

'Drychwch arna' i, yn rhacs a blêr ac ma' Mam wedi marw a'i hangladd yn y fan-a'r-fan. Fe licwn i fynd. Roedd gen i feddwl mawr o Mam ac fe gadd gystudd caled, a'r peth lleia alla' i neud yw mynd i'w chladdu. Ond does dim dimau gen i i brynu pilyn teidi, na chwaith i dalu am y tocyn i'm cario yno. Rwy'n gwybod yr hoffech chi fy helpu. Ma' pawb yn caru ei fam, ac rwy'n siŵr fod eich mam yn annwyl i chi hefyd. Rydw i wedi disgyn ar ddyddie drwg, mas o waith, a dim gwaith i'w ga'l.' Heb os roedd e wedi perffeithio'r grefft o ddweud ei stori a'i thrimio bob tro i daro'r sawl a geisiai ei berswadio. Bymtheg o weithiau fe lwyddodd i odro arian, a chael symiau da iawn gan ambell un, ac wrth gwrs gyda'i fod wedi cael yr arian i'w ddwylo fe âi i'r dafarn agosaf a'u llyncu i gyd. Celwydd bob gair!

Rhaid adde i mi gael fy nal ganddo unwaith. Roedden ni newydd symud tŷ, ac yr oedd angen rhoi tân nwy yn y lolfa. Digwyddwn ar y pryd fod yn gadeirydd cartref i alcoholiaid yng Nghasnewydd. Yno y cwrddes i â Jim (nid dyna'i enw iawn). Roedd e wedi bod yn gwneud peth gwaith o gwmpas y lle a mynnai fod gydag e gyfres o ddiplomâu fel plwmwr a'i fod yn abl i osod tân nwy. Holais ei fola-berfedd a che's fy argyhoeddi ei fod yn dweud y gwir, a gofynnais iddo wneud y gwaith yn ein tŷ ni. Rhaid adde bod fy ngwraig yn amheus iawn. Rywfodd neu'i gilydd mae gwragedd yn synhwyro pethau fel hyn mewn dynion yn glou iawn, fel pe bai rhyw chweched synnwyr ganddynt, ond teimlwn i y dylai hwn gael cyfle. Bu wrth y gwaith am ryw ddeuddydd. Cadwn lygad barcud arno a gallwn weld mai pur anniben oedd e fel creffwr. Gadawodd un darn pwysig o'r tân heb ei roi yn ôl yn ei le. Tynnais ei sylw at hynny. Mynnai nad oedd mo'i angen! Beth bynnag, ymhen deuddydd roedd y tân yn ei le ac yn cynnau. Cyffyrddais ag e a sigliai fel cynffon buwch!

'Bachan, Jim, nid fel hyn ma' hwn i fod.'

'O! ma'r wal yn anwastad, ma' fe'n iawn.'

'Fe'i talais, ond cyn ei fod ar waelod yr hewl roedd y tŷ yn llawn nwy. Agorwyd pob ffenest a galw'r plwmwr iawn gynted byth ag a fedren. Daeth hwnnw a bu bron iddo lewygu.

'Ry'ch chi'n lwcus eich bod yn fyw. Gallai'r tŷ 'ma fod wedi llosgi'n ulw. Be dda'th drosoch chi'n cyflogi cowboi fel'na.' A dyna gyfle i'r wraig ddweud ei bod wedi fy rhybuddio, 'ond wrandawai e ddim,' medde hi.

Bu bron i'r tân nwy chwythu ein priodas yn yfflon jibidêrs, y celwyddgi fel ag yr oedd e, a'r tro diwethaf imi ei weld oedd yn cerdded ar landin yn y carchar gan gilio cystal ag y galle fe o 'ngolwg. Fe allai fod wedi fy chwythu i i dragwyddoldeb.

Dolur enbyd yw alcoholiaeth. Mae'n llurgunio person a'u troi yn gelwyddgwn, oherwydd rhaid cael arian, trwy deg neu trwy dwyll, i dorri syched. Byddwch ofalus pan maen nhw'n ceisio cocso arian gennych, oherwydd dyw rhoi arian i alcoholig ond yn ei helpu i yfed rhagor. Go brin fod alcoholiaeth yn beth llon — rwy'n amau oes 'na ambell alcoholig llon. Eironig braidd yw teitl y ffilm felly — mae'r person a bortreadir ynddi yn bopeth ond llon.

Dirgelwch

Mae 'na gyfrol a ddylai gael ei hysgrifennu. Bydd raid iddi gael ei llenwi â darluniau hefyd. Fedrwch chi ddim gwneud cyfiawnder â'r testun heb gynnwys y lluniau. Rhaid bwrw iddi ar unwaith oherwydd mae'r lluniau yn prysur fynd i'r domen sbwriel. Aeth llawer ohonynt yno eisoes. Rhyw obeithio ydw i fod rhai o hyd mewn bythynnod diarffordd ledled Cymru. Astudiaeth fyddai'r gyfrol o'r lluniau a geid ar barwydydd ein cartrefi, a'r hyn a ddywed y lluniau rheiny am y trigolion. Heb os, adlewyrchent ddiddordebau ac arwyr y cyfnod ond roedd yno hefyd luniau y gellid eu disgwyl ymhob cartref. 'Oriel yr Hynafiaid' — lluniau mewn fframiau swmpus o dad-cu a mam-gu, ac weithiau rhyw berthynas mewn lifrai milwrol a oedd wedi ei ladd mewn brwydr. Golwg ddwys a difrifol arnynt, wedi eu gwisgo'n henaidd nes eich cymell i gredu eu bod yn hen, a chryn sioc oedd deall mai canol oed cynnar oeddynt. 'Na wahaniaeth mae gwisg yn ei wneud. Ar waelod rhai o'r lluniau ceid carden mwrnin gydag ymyl ddu a manylion yr angladd arni. Yna ceid yn lled gyffredin resi o dystysgrifau arholiadau'r Ysgol Sul, rhai llafar ac ysgrifenedig. Y werin yn arddangos ei champau ym mhrifysgol y werin, y brifysgol agored cyn bod sôn am honno. Ar ben uchaf y tystysgrifau hyn roedd llun o Thomas Charles, sylfaenydd yr Ysgol Sul. Bwydwyd ni â stori Mari Jones yn cerdded o Fryn-crug i'r Bala yn droednoeth a chael ei siomi am nad oedd Beibl ar ei chyfer. Codai'r stori amryw o gwestiynau: Sut y gwyddai'r ffordd ar hyd cefen Cader Idris? Pam na chafodd bothelli ar ei thraed noeth? Sut oedd hi'n teimlo ar y ffordd 'nôl? Wedi'r cwbl, roedd ffydd a gobaith yn ei chynnal ar y ffordd yno, ond siom enbyd ar y ffordd 'nôl. Beth oedd yn corddi yn ei meddwl? Rwy'n neidio nawr rhyw ddeugain mlynedd. Roeddwn i ar daith yn Affrica ar ran Cymdeithas y Beiblau a'r daith wedi ei rhagdrefnu. Gyda fy mod yn Ghana roeddwn i i annerch grŵp o weinidogion yn y berfeddwlad bell. Ar fy ffordd yno, meddai'r gŵr a ofalai amdanaf,

'Peidiwch â dweud stori Mari Jones.'

Gwyddent fy mod o wlad y wraig honno, yn wir, felly cefais fy nghyflwyno.

'Pam?' meddwn wrtho.

'Falle y byddwch chi'n adrodd yr hanes yn wahanol; rydym ni wedi ychwanegu tipyn ar hyd y blynyddoedd ac falle y byddwch chi yn symud y dirgelwch a'r hud sy'n perthyn i'r stori, yn chwalu'r myth.' Daliais f'anadl am sbel, ac yr ydw i'n dal i gofio'r geiriau hynny. Tybed a fu i mi, drwy goleddu syniadau y beirniaid beiblaidd, darfu ar y dirgelwch a berthyn i'r Iesu a chwalu myth y credinwyr? Does dim hawl gen i i wneud hynny. Chyffyrddais i mo stori Mari Jones, gadewais lonydd iddi i borthi eu dychymyg a'u cynnal yn eu bywydau caled. Gwell dychwelyd at y lluniau. Ym mhob cartref ceid lluniau o bregethwyr, y lluniau yn adlewyrchu enwadaeth y teulu. Gan mai Hen Gorffiaid oedd fy nheulu i, Cenhadon Hedd y Methodistiaid Calfinaidd 1912 a geid ar y mur. Rhyw hanner cant o rai dwys eu pryd a'u gwedd, a phrofiad digon diflas oedd ceisio chwarae o dan drwyn surbwch y rhain. Llwyddodd Mam i roi ysbryd byw i amryw ohonynt am ei bod wedi eu clywed a chofiai dalpau o'u pregethau. Ein ffefryn ni oedd y Dr Rees, Bronant. Gŵr gwreiddiol iawn, ei ffraethebion yn para'n fyw hyd y dydd heddiw. Rhyw dro wrth bregethu cyfeiriodd at ŵy clwc, ac meddai wrth ei gynulleidfa uniaith cefen gwlad, 'Rwy'n siŵr nad ydych chi'n gwbod beth yw ŵy clwc yn Sisneg.' Neb yn gwybod. 'Weda i wrthoch chi . . . Ŵy clwc yn Sisneg yw *a bad egg in the wrong family way*.' Dyna esbonio'r dirgelwch a go brin y cewch chi'r dyfyniad yna yng Ngeiriadur Prifysgol Cymru!

Ochr yn ochr â'r pregethwyr fe gaech chi wleidyddion. Gladstone yn lled aml a Lloyd George. Fe geid llun o O M Edwards a Tom Ellis hefyd. Mae 'na un peth sy'n ddirgelwch llwyr i mi. Gwerinwyr o Gymru uniaith oeddynt, gwladwyr cefen gwlad, ond eto fe gaech luniau o'r Frenhines Fictoria yng ngwisgoedd ei swydd aruchel, y Tywysog Albert a'r Brenin Siôr y pumed bron ymhob cartref. Roedden nhw'n frenhinwyr cadarn ac amryw ohonynt â'u teuluoedd wedi dioddef dan law landlordiaid caled. Sut mae dadansoddi gafael y frenhiniaeth ar ddychymyg gwerin Cymru?

Ond dyma fi'n dod at y dirgelwch pennaf, dirgelwch sy' wedi fy herio ar hyd y blynyddoedd. Pobol cefen gwlad Shir 'Berteifi oedd fy rhieni. Ar bared un stafell wely ceid tri llun. Pwy a'u gosododd yno, dwn i ddim. Ond pam gosod y tri yn yr un stafell? Dau ohonynt yn lluniau o Ryfel y Boer, a dyma'r geiriau a geid oddi tanynt — *The Siege of Ladysmith* a *The Battle of Abu Klea*. Dau lun erchyll. Catrodau o filwyr gyda'u bidogau'n barod a chymylau o fwg yn codi o ynnau mawr a oedd yn tanio yn y cefndir. Y milwyr yn eu lifrai milwrol ymerodrol. Hyd y gwn i ni bu neb o fy nheulu yn y rhyfel 'na, a go brin fod neb ohonynt yn ei gefnogi. Pam arddangos y lluniau enbyd hyn ar bared y stafell wely felly? Meddyliwch am fynd i gysgu yng nghwmni y rheina am flynyddoedd! Ma' lot o waith ymchwil i'w wneud fan'na, gwaith dehongli'r gyfrinach sydd y tu ôl i'w hongian. Ond y trydydd llun?

Chredwch chi fyth, rhwng y ddau lun o ryfel y Boer ceid llun mawr o'r Crist gyda choron ddrain ar ei ben a'r diferion gwaed yn treiglo tros ei ruddiau. Ei fynwes ar agor a'i galon yn y golwg a honno'n gwaedu. Ai colli dagrau gwaed oedd e oherwydd erchylldra'r rhyfel yn Ne'r Affrig? Dyna ddameg rymus os bu un erioed — y tri llun ar bared y stafell wely. Ond fe erys y dirgelwch, pwy a'u gosododd a pham y'u gosodwyd. Go brin y ca' i ateb bellach. Mae'r allwedd wedi ei cholli pan giliodd fy rhieni, a dyna pam mae brys i sgrifennu'r gyfrol. Fe atebai lawer o ddirgelion am feddwl, cred, arferion a byd ein tadau. Deuem i'w hadnabod yn well ac adnabod ein hunain, oherwydd yn y pen draw o'r graig honno y cawsom ni ein naddu. Heb os, roedd enaid y genedl yn cael ei harddangos ar barwydydd y cartrefi a dylid achub y cyfryw cyn eu taflu ar y domen sbwriel. Cwestiwn diddorol arall yw, pa luniau a ddaeth yn eu lle? Beth sydd ar ein parwydydd ni heddiw, a beth a ddengys y rheiny am enaid a meddwl y Gymru hon?

Tawelwch

Roeddwn i ar un adeg yn adnabod gŵr a oedd yn flaenllaw iawn ym mywyd cyhoeddus dinas Caerdydd. Ce's lawer o gefnogaeth hael ganddo. Soniodd wrthyf droeon am y Crynwyr, oherwydd gyda hwy yr addolai o Sul i Sul. Ysywaeth, bu farw'n gwbl ddisyfyd a chyhoeddwyd y cynhelid gwasanaeth coffa yn Nhŷ'r Crynwyr ar Heol Siarl yng Nghaerdydd. Rhaid cyfaddef 'mod i'n edrych 'mlaen at fynd, er tristed yr amgylchiadau. Doeddwn i erioed wedi bod yn un o'u gwasanaethau. Wedi arfaethu mynd lawer tro ond dyma gyfle o'r diwedd.

Rwy'n cofio 'nhad yn dychwelyd o ambell Gwrdd Wythnos yng Nghynon a Mam yn ei holi,

'Shwt gwrdd gisoch chi?'

'O,' medde fe, 'cwrdd cwacers, fawr o neb yn barod i 'weud gair.' Dyna hyd a lled fy ngwybodaeth i am wasanaethau'r Crynwyr. Tawelwch yn brif nodwedd gydag ambell gyfraniad o dan gymhelliad yr Ysbryd. Beth bynnag, daeth cynulleidfa dda ynghyd i'r oedfa ffarwél. Roedd yno lywydd ac fe lediodd ddau emyn, un i agor y cwrdd a'r llall i gloi ac wedi canu'r emyn cyntaf dyma fe'n dweud bod y cwrdd yn gwbl agored a bod croeso i unrhyw un a deimlai fod yr Ysbryd yn ei gymell i ddweud gair. Cafwyd rhyw dri chyfraniad byr, a rhyngddynt ysbeidiau hirion o dawelwch. Smo i'n gwybod amdanoch chi ond ma' tawelwch yn drech na fi. Dydw i ddim yn gwybod be i'w wneud ag e. Rhaid cyfaddef na che's i fy nysgu i drin tawelwch yn greadigol. Absenoldeb siarad yw tawelwch i mi. Siarad sy'n ystyrlon a thawelwch yn boendod, a rhyw ddisgwyl yn obeithiol drwy gornel fy llygaid fydda i i weld a oes 'na rywun am godi i dorri ar yr undonedd beichus.

Mae gen i ffrind da sy'n aelod yng Ngwaelod-y-garth. Teithiodd a gweithiodd mewn amryw o wledydd fel peiriannydd a phan fyddai oddi cartref addolai gyda'r Crynwyr. Mae ganddo feddwl mawr ohonynt. Bydd yn dweud wrthyf, yn gwbl garedig ar dro, un fel'ny yw e,

'Ry'ch chi'n siarad gormod. Cofiwch fod gwerth mewn tawelwch. Arwydd o falchder ynoch chi a'ch tebyg yw eich bod yn credu bod gyda chi rywbeth gwerth ei ddweud. Does gyda chi ddim, oherwydd mae popeth ddwedwch chi wedi ei ddweud gan rywun arall. Does gyda chi ddim i'w ddweud na all y tawelwch ei ddweud yn well. Y trwbwl gyda chi yw nad ydych chi wedi dysgu defnyddio tawelwch yn greadigol.' Rydw i wedi meddwl llawer am ei eiriau. Ac mae e'n llygaid ei le. Rydw i yn un o'r rhai sy' ag Ymneilltuaeth wedi ei gyflyru. Rhyferthwy o eiriau yw oedfa; emyn, gweddi, pregeth ac os yw honno yn llifo'n Jiwbili Youngaidd, gorau oll, dyna fesur ei lwyddiant. Ac i ni a fagwyd o fewn y traddodiad Ymneilltuol, peth negyddol yw tawelwch, absenoldeb llefaru a does ryfedd fod fy nhad yn dychwelyd o gwrdd wythnos yn siomedig am nad oedd fawr neb wedi dweud gair. Roedd ysbeidiau o dawelwch yn ddiffyg. Ni feddyliodd 'nhad, a llawer o rai tebyg iddo, y gallai tawelwch fod yn foddion gras. Ni ddysgwyd mohono mwy na'i fab i iawn ddefnyddio tawelwch. Heb os, mae i'r bregeth Ymneilltuol werth ond un o'i diffygion yw iddi alltudio tawelwch o'r oedfa. Trueni inni fethu â meithrin perthynas agosach â'r Crynwyr. Falle y gallen nhw ein dysgu ni, y parablus rai, sut i ymdawelu a gwrando. Dwn i ddim amdanoch chi, ond i mi mae gwahaniaeth rhwng tawelwch a llonyddwch.

Rydw i'n cael llonydd bob dydd. Mae'r ddwy sy'n rhannu aelwyd gyda mi yn mynd i'w hysgolion gwahanol, a chaf lonydd i wneud a fynnaf. Pan ddaw pedwar o'r gloch dychwelant a pheidia'r llonyddwch, i fesur. Fynnwn i ddim arall, oherwydd fe brofais y llall. Codi i dawelwch, tawelwch i bob pryd o fwyd, dychwelyd i dŷ gwag a thawel. Ce's y profiad a'i gael yn erchyll, yn hunllefus, ac mae 'nghalon i'n gwaedu y funud hon dros bob un sy'n ei gael ei hun yn y sefyllfa enbyd 'na. Rhan o'i erchylltra oedd ei fod yn ddiddiwedd. Peth dros dro yw llonyddwch, gwyddoch fod 'na bendraw iddo. A dyma fi'n ôl gyda'r angladd yng Nghaerdydd. Roedd y tawelwch yn ddiddiwedd. Dyna un o'r oriau hiraf a dreuliais, hyd y cofiaf, ac roedd f'anesmwythyd yn datgan yn huawdl fy mod yn dioddef o wendidau Ymneilltuaeth, erioed wedi dysgu bod tawelwch yn llafar ac yn greadigol ac mai ffordd i osgoi clywed awdurdodol eiriau'r Nef yw cael eich boddi mewn llifeiriant o eiriau. Mewn tawelwch mae'n rhaid i chi fyw gyda chi eich hunan ac mae hynny yn medru bod yn boenus.

Ce's afael ar fendith Geltaidd ymhlith cymuned Iona, ac o'i chyfieithu dyma hi:

Boed i chi hedd dwfn yr afon sy'n llifo,
Boed i chi hedd dwfn yr awel sy'n crwydro,
Boed i chi hedd dwfn y ddaear ddigyffro,
Boed i chi hedd dwfn y sêr sy'n goleuo.
Boed i chi hedd dwfn Mab tangnefedd i'ch cysuro.
Mae'r hedd hwnnw yn dawelwch adnewyddol iawn ei rin.

Ond

Ga' i ddechrau gyda gair o'r Ysgrythur i fynegi fy meddwl am bennawd y sgwrs hon, sef 'Ond':

'I ba le yr af oddi wrthyt?
Sut y gallaf ddianc o'th afael?
Os dringaf i'r nefoedd, yr wyt yno,
Os cyweiriaf fy ngwely yn uffern, yr wyt yno hefyd.
Os cymeraf adenydd y wawr
A thrigo ym mhellafoedd y môr,
Rwyt ti yno, hefyd.'

A pharhau ar y trywydd beiblaidd, esgusodwch fi am ryfygu parodïo emyn:

'Mae *Ond* yn llond pob lle,
Presennol ymhob man
Y nesaf yw efe o bawb at enaid gwan . . . '

Gellir ychwanegu a dweud ei fod wedi darostwng 'cewri cedyrn fyrdd i lawr,' a'i fod, yn ei dro 'wedi codi'r eiddil' yn goncwerwr mawr. Efallai nad ydych yn llawn ymwybodol o'i raib hyd y gwelwch y rhai a ddioddefodd o dan yr unto, a dyna a welais i yn y carchar . . . gwŷr â'r *ond* wedi eu llethu a'u difetha. Yn hytrach na doethinebu tybiaf mai gwell yw nodi ambell enghraifft.

Alla' i mo'i anghofio; bydd ar fy meddwl yn fynych. Crwt yn ei ugeiniau cynnar, yn dawel, swil a chwrtais iawn. Mor wahanol i'r lleill. Wedi i'w gyd-garcharorion ddiflannu i'w celloedd arhosodd ar ôl a gofyn yn ymddiheurol:

'Odych chi 'ma fory?'
'Odw. Pam?'
'Hoffwn i ga'l gair â chi. Dim ond ni'n dau.'
'Cawn weld,' meddwn. 'Rhaid imi ga'l caniatâd.'

Cafwyd y caniatâd a chawsom awr o seiat gofiadwy.
Unig blentyn oedd e. Roedd e'n hoffi ei ysgol ac yn gwneud yn dda iawn.

Yn ei arddegau cynnar dechreuodd gadw colomennod, nes bod ganddo tua hanner cant a dechreuodd rasio 'chydig yn lleol. Pob awr sbâr roedd e yn y cwb yn bugeilio'r adar. Roedd hyn yn dipyn o waith pan oedd yr adar yn deor a byddai'n aros gartref ambell ddiwrnod o'r ysgol. Unwaith aeth y dyddiau yn wythnos, ond treuliodd yr amser i gyd yn ymgeleddu'r colomennod. Pan ddychwelodd i'r ysgol roedd rhyw ddau athro yn flin iawn wrtho.

'Poeni am dy arholiade di oedden nhw,' meddwn, gan geisio amddiffyn yr athrawon.

'Iawn,' meddai, 'ond Syr, 'sda chi ddim syniad pa mor frwnt oedden nhw. Ffiaidd. Sbeitlyd. Oherwydd eu hagwedd fe gymeres i fy nghas at yr ysgol. Dechreuais gadw draw pan nad oeddwn i gyda'r adar, a'r dyddie hynny byddwn yn ymuno gyda chriw o rai ifainc a oedd yn absennol yn gyson. Byddem yn mynd ar y prowl i archfarchnadoedd a siopau i ddwgyd tipyn. Doeddwn i erioed wedi gwneud hyn o'r blaen, a buan y daeth yr heddlu at fy nrws a finne yn y llys. O ddrwg i wa'th yr aeth pethe nes i mi ga'l fy ngharcharu am gyfnod sylweddol.'

Pe bai'r athrawon *ond* wedi gweld a synhwyro'r diddordeb ysol hwn mewn colomennod a'i wahodd i ddod â nhw i'r ysgol a chael ei ddosbarth i ymuno gydag e i ofalu amdanynt, mae'n siŵr y gellid fod wedi gwneud rhywbeth o'r crwt yna. *Ond . . . ond . . .* yr hyn a ddigwyddodd oedd fod colomen wedi troi yn eryr — ac yn eryr ysglyfaethus, ac fe wyddoch ei bod hi'n haws troi colomen yn eryr nag yw hi i droi eryr yn golomen. Ond dyna lle'r oedd e, nid yn y cwb yn tendio'r adar ond wedi ei gau mewn cwb caethiwus, addewid wedi diffodd, a'i brotest yn eithaf chwerw ar brydiau.

Mae'r ail enghraifft yn wahanol. Un a oedd yn dwgyd ceir ac yn gryn feistr arni oedd y bachgen hwn. Byw yn fras ar y gêm.

'Er dy fod yn siarad yn ddeallus am a wnei,' meddwn wrtho, 'rwyt ti wedi dy ddal.'

'Do . . . do ma' hynny'n rhan o'r gêm! Sbel yn ôl ro'n i i mewn am dair blynedd. Ond 'sdim isie i chi fecso, ro'n i'n un o sindicet. Roedd fy rhan i o'r ysbail tra oeddwn i yn y clinc yn dair mil ar hugain y flwyddyn. Yr un cyflog â pheilot jwmbo jet. Gwrandewch, hoffech chi gar newydd?'

'Siŵr iawn,' meddwn i.

Fe ddof â model Ford arbennig at y drws, mae e werth rhyw ddeuddeng mil yn y garej ond os talwch chi arian parod, fe'i cewch am bedair mil.'

'Temtasiwn go fawr i Gardi!' meddwn wrtho, ond wedi ailfeddwl gofynnais iddo,

'Beth am yr heddlu?'

'Twt, twt,' meddai'n wawdlyd, 'Dyw hanner y rheiny ddim yn medru sgrifennu a does dim digon lan stâr 'da'r lleill i neud dim!'

'Mae'n olreit i ti siarad fel'na,' ond fe dorrodd ar fy nhraws ac meddai,

'Dydych chi ddim yn deall.'

'Ddim yn deall beth?'

'Ma'r car 'na ddaw at eich tŷ chi yn gar newydd, *chassis number* newydd, wedi ei ail baentio, tu fewn newydd. Rwy'n addo ichi na fydd yr un plismon yn gwybod eich bod yn gyrru car sy' wedi ei ddwgyd. Ond dylwn eich rhybuddio am un peth, os cewch chi ddamwain a gofyn am brawf fforensig, bryd hynny fe welan nhw eich bod yn gyrru car a ail baentiwyd.'

Roedd blas ar y sgwrs a hwyl ar y trafod, a dyma ofyn iddo,

'Be wyt ti?'

'Smo i'n lleidr, dydw i erioed wedi torri i mewn i dŷ. Dwgyd ceir yw fy arbenigedd i. *Ond . . . ond*, falle y bydd hyn yn eich synnu chi. Smo i erioed wedi dwgyd car yn y nos. Bob amser yn wyneb haul a llygad goleuni.'

'Shwt wyt ti'n gwneud hynny?'

'Ry'n ni'n dewis car mewn maes parcio, oherwydd ma' gyda ni gwsmer yn barod iddo. Wedi dewis un bydd rhyw bedwar ohonom yn gyrru Land Rover a *thrailer* a'i barcio wrth ochr y dewisedig gerbyd. Yna byddwn yn ei godi yn llythrennol i'r *trailer* a bant â ni. *Ond*, 'chi'n gwbod beth?' meddai, ''Sneb erioed wedi gofyn inni beth ydyn ni'n ei neud. Neb o gwbl.'

Roeddwn i'n dal i wasgu arno ac yn mynnu cael ateb i'r cwestiwn, 'Be wyt ti?' Yr oedd hi'n werth mynd i'r carchar i gael yr ateb a gefais:

'O, 'weda i wrthoch chi. Lleidr gonest ydw i.'

Mae'n amlwg fod golwg syn iawn arnaf, ac meddai wrthyf,

'Ga' i ofyn cwestiwn i chi nawr? Ry'n ni wedi ca'l pnawn da gyda'n gilydd.'

'Siŵr iawn, gofyn be fynni di.'

'Dydw i ddim yn eich nabod chi. Gwedwch wrtho' i, 'ych chi wedi didlan yr incwm tacs rywdro?'

Roeddwn i'n stablan braidd, ac wedi straffaglan 'chydig, meddwn wrtho,

'Wel, dydw i ddim yn arfer twyllo cyllid y wlad, ond a ydw i wedi datgelu pob ceiniog sy'n gwestiwn arall.'

Dyma fe'n estyn ei law a gafael yn fy llaw dde ac medde fe, 'Ry'ch chithe hefyd yn lleidr gonest, croeso i'r frawdoliaeth. Ma' lle yn fy nghell, croeso i chi gysgu 'da fi heno!'

Cyn ffarwelio, medde fe, 'Rydw i wedi mwynhau y sgwrs. Mi fydda i yn priodi ar ôl mynd mas. Gwrandewch, ga' i estyn gwahoddiad ichi. Licwn i ga'l eich cwmni.'

'Ma' hi braidd yn bell,' meddwn.

'*Ond* 'sdim isie ichi fecso, fe hala' i gar i'ch cyrchu!'

Dde's i ddim mas o'r carchar erioed heb yngan y geiriau:

'*Ond* heblaw am ras Duw, fan'na y byddwn innau. Mae'r *ond* sy'n rhoi rhywun tu ôl i'r barrau a'r *ond* sy'n cadw rhywun y tu fas yn beryglus o agos at ei gilydd. *Ond* gras y nefoedd a'm cadwodd i ar y lan . . . Hyd yma. *Ond* pwy a ŵyr beth a ddigwydd yfory.'

Ond fe allaf ddweud un peth wrthych, mae'n llawer gwell gen i fod tu fas na thu fewn.

Dyn Dieithr

Fe'i cwrddais droeon. Gwelwn ef yn gyson ar un adeg. O ble y daeth i'n hardal ni? Duw a ŵyr. Pam y daeth? Dirgelwch i'w gredu ac nid i'w amgyffred yw hwnnw hefyd. Brodor o odre'r sir oedd e ond dewisodd dreulio nawnddydd ei fywyd yn y Gors. Pentref bach gwledig ar y ffordd ganol sy'n arwain o Aberystwyth i Bontrhydfendigaid. Gerllaw mae plas enwog Nanteos. Roedd e fel rhai o geiliogod ffesant y lle hwnnw yn lliwgar odiaeth. Siaced fraith Joseffaidd amdano'n gyson, sgidiau dal adar sidêt a het ddu gantal lydan, crys du a thei goch neu felyn. Tipyn o ddandi, wedwn i. Shwt y cwrddais i â Charadog Evans? Pan ddaeth i bentre'r Gors, fe a'i deulu, roedd isie llymaid o laeth arno at iws tŷ ac fe'i cynghorwyd i fynd at f'ewythr a ffermiai Bwlchgeuffordd gerllaw. Byddai rhai o'r ardalwyr yn casglu eu llaeth o'r beudy, ac i'r ffald ryw fore fe ddaeth Caradog Evans. Dwn i ddim faint a wyddai Wncwl Jim amdano. Dim rhyw lawer debygwn i, ond yn fuan roeddynt yn ffrindiau mawr. Allech chi ddim cael dau mor wahanol. Wncwl Jim yn flaenor Methodist parchus a'i gapel Horeb yn bopeth iddo. Sabathwr diwyro. Y math o berson sy'n cael ei bortreadu'n ddeifiol yng nghyfrol gyntaf Caradog Evans, *My People* (1915) a rhywbeth yn debyg i'r hyn a geir yn y ddwy gyfrol arall, *Capel Sion* (1916) ac yna *My Neighbours* (1919) sydd yn troi tu min at Gymry Llundain. Beth bynnag, er bod y pellter rhyngddynt yn fawr, buan y croesawyd Caradog Evans i'r tŷ. Wncwl Jim yn eistedd yn ei gadair dderi gefn uchel a Charadog ar y sgiw gyferbyn, a'r mwg yn troelli'n gadwynau duon tua'r nenfwd.

'Bachan, mae e'n hael gyda'i sigaréts,' oedd sylw cymeradwyol Wncwl Jim a dyna y rheswm pennaf tros ei wahodd i'r tŷ! 'Chydig a wyddai'r dieithr ddyn hwn ei fod o fewn rhyw filltir, fel yr hed y frân, o gartref un a fu yn y clinc yn Llundain am noson neu ddwy am iddo fod yn rhan o brotest a darfodd ar y perfformiad cyntaf o ddrama Caradog Evans, *Taffy*. Portread cignoeth o ragrith Cymry Llundain, eu capelgarwch selog a'u twyll cyson drwy werthu dŵr a llaeth. Mae'n dda gen i ddweud fod y protestiwr hwnnw yn gefnder cyfan i mi.

Anaml y deuai gwraig Caradog i'r ffald. Doedd hi a dom da ddim yn ffrindiau! Defnyddiai enw rhyfedd, Countess Barcynska, a chyhoeddai reffynnau o nofeligau o dan yr enw Oliver Sandys. Credid ei bod yn hanu o un o wledydd y Balcan. Os oedd e'n gwisgo'n wahanol, roedd hi yn llawer hynotach. Smo i'n credu bod neb wedi ei gweld yn iawn oherwydd gwisgai haenau trwchus o bowdwr a phaent ar ei hwyneb. Roedd iddi fab, Nic, a mynych y gwelech y tri yn rhodianna ar y prom yn Aberystwyth. Pob llygad yn syllu ar y rhyfeddod symudol yma. Blynyddoedd y rhyfel oedd hi a Nic mewn oed i gael ei alw lan. Sut oedd e yn osgoi gwasanaeth milwrol oedd cwestiwn cyson yr ardalwyr. Ond ni chafwyd ateb.

Alla' i ddim dweud am ba hyd y buon nhw yn y Gors. Cwpwl o flynydde mae'n siŵr. Âi Caradog i'r capel a hynny'n plesio Wncwl Jim yn fawr.

'Smo fe cynddrwg â ma' rhai yn ddweud y mae e,' oedd sylw f'ewythr un tro.

Daeth y carlamus awdur yn gyfeillgar â'r gweinidog, y diweddar Barchedig Tom Beynon a chafwyd portread byr ohono yn un o nofelau rhamantaidd y Countess. Anfarwoldeb annisgwyl i'r hen batriarch! Beth bynnag, yn y Gors y bu Caradog farw yn 1945 ac fe'i claddwyd ym mynwent y capel. Synnwn i ddim nad Tom Beynon a wasanaethai.

'Wyt ti'n gwbod be?' medde Wncwl Jim, 'Fe ddewisodd e adnod ar gyfer ei garreg fedd. Wel, dyfyniad ddylwn i ddweud.'

'O ble yn y Beibl y cadd e hi?'

'Bachan nid o'r Beibl o gwbl, a meddylia am orffwys o dan rywbeth heblaw adnod. Ond 'na fe, un od oedd e 'sdim dowt.'

'Dyfyniad o ble sy' gydag e?'

'Maen nhw'n dweud, cofia smo i'n gwbod, nhw sy'n dweud, mas o waith Dylan Thomas, hwnnw fuodd farw yn ei ddiod sha America 'na.'

'Odych chi'n cofio'r dyfyniad?'

'Nag'w . . . ond ddweda' i wrthot ti na fentrwn i i dragwyddoldeb gyda gair o eiddo'r meddwyn hwnnw.'

Aethom i'r fynwent a sefyll wrth fedd Caradog Evans. Mae'r garreg sy' arno yn drawiadol iawn. Desg â llyfr agored yw hi, potyn o inc gerllaw a phluen a oedd yn gwilsyn sgrifennu ar ei phen yn y potyn. Ac ar ddalen o'r llyfr naddwyd y dyfyniad,

'Bury me lightly so that the small rain may touch my face and the fluttering of the butterfly may not escape my ear.'

Erbyn hyn ma' Wncwl Jim yn gorwedd gerllaw iddo a chredaf ei fod yn eithaf hapus am fod Caradog mor hael gyda'i sigarennau! Shwt ma' Caradog yn teimlo ei fod yn gorfod treulio tragwyddoldeb wrth ochr un y cadd hwyl fawr wrth ei gamliwio tybed?'

Do, fe'i cwrddais droeon ar aelwyd Wncwl Jim ac Anti Meri. Ni fyddaf yn galw heibio i fynwent Horeb a sefyll wrth fedd y ddau a oedd yn dra gwahanol yn aml bellach. Mae hanner canrif wedi treiglo ac agwedd pobol at Caradog wedi lleddfu. Y tro diwethaf y bûm yno roedd rhywun wedi gosod tusw o flodau ar ei fedd. Pwy tybed? Go brin iddynt ddod o Rydlewis. Ym mynwent Horeb mae'n para'n ddyn dieithr.

Llafurio

Pan oedd gwyliau Awst ar gyrraedd rhaid adde fy mod yn llawn eiddigedd at blant y pentref. Caent hwy ryddid i gosi brithyllod, i fwyara a hel madarch a mynd i lan môr y dre a chael marchogaeth ar ddoncis Jac Preis ar y prom. Dim o'r moethau 'na i ni a oedd yn fechgyn ffermydd. Gwaith oedd yn ein disgwyl ni, oherwydd roedd galw am ein help i gael y cynhaeaf llafur i ddiddosrwydd. Wrth ddychwelyd o'r ysgol byddem yn sylwi ar y cnwd yn aeddfedu. Wrth lwc, doedd y cyfan ddim yn aeddfedu ar yr un pryd. Gwenith gaeaf oedd gyntaf, y tywysennau'n ara droi'n lliw rhwd a'r ffordd o brofi os oedd e'n barod i'w gynaeafu oedd cydio mewn tywysen, ei rhwbio hi rhwng dwylaw, yna rhoi 'hwthad deidi nes gwasgar yr us i'r pedwar gwynt, a'r grawn ar ôl ar gledr eich llaw. Yna gafael mewn gronyn a'i roi rhwng eich dannedd ac os oedd e'n galed gwyddech ei bod hi'n llawn bryd ei dorri. Y wers gyntaf a ddysgwyd oedd, nad yw popeth sy'n edrych fel pe bai'n aeddfed yn aeddfed. Ma' graddau o aeddfedrwydd. Doedd hi ddim yn ddoeth gadael i rai mathau o geirch du aeddfedu'n grimp. Lawer tro y clywais ddweud, 'rhaid i ti dorri pan mae e yr un lliw â'r sguthan!' — yn gymharol las, ac o'i dorri yn y cyflwr anaeddfed hwnnw byddai'n aeddfedu yn ei stacan. Rhaid oedd gadael i'r barlys aeddfedu'n llawn. Barf gydag e, ac os nad oedd e wedi aeddfedu ni ellid symud ei farf. Ond roedd y broses o aeddfedu'n digwydd a sylwem ar y newid o ddydd i ddydd, a gwyddem fod dydd y llafurio'n nesáu. Gobeithio a gweddïo na ddeuai storm a wnaem yn y cyfnod hwnnw. Pe deuai, fe ddarostyngid cewri cedyrn fyrdd i lawr a'r cnwd yn wastad â'r llawr, neu fel y dywedent, 'fel talcen tarw' a'r dasg o'i drin yn llawer anos.

Gwyddem rhag blaen beth oedd ein tasgau, a chyda'r blynydde daethom yn reit fedrus. Unwaith y gwelech chi Ifan (fe oedd ein gwas pennaf), yn ymorol am y pladuriau ac yn eu paratoi at waith, gwyddech fod yr alwad ar ddod. Wrth gwrs, roedd tipyn o waith paratoi ar y pladuriau. Rhaid oedd hogi'r llafn hir — rhip a ddefnyddid i wneud hynny. Darn o bren oedd hwnnw gydag handlen y gallech afael ynddi. Ar y darn pren fe osodid tipyn o floneg ac ar y bloneg haen o gerrig mân. Nid unrhyw gerrig, bid siŵr, eithr carreg hogi wedi ei malurio'n fân lwch y cloriannau. Glynai hwnnw wrth y bloneg a throi'r pren yn garreg hogi. Yna gosod pig y llafn ar y llawr a chodi'r goes o dan eich cesail, a dyna chi sut i hogi'r bladur. Wedi hogi'r corff, codi'r bladur a'i rhoi tu cefn i chi a thynnu y llafn dros eich ysgwydd, hynny yn eich galluogi i hogi ei blaen. Wedi hogi'r llafn i gyd profi gyda bys bawd faint o fin a oedd arni, ac os clywech chi Ifan yn dweud, 'fe elli di shafo 'da hi', gwyddech ei bod yn barod ar gyfer y gwaith. Sawl gwaith y clywes i e yn pregethu'r bregeth, 'ma' hala amser i hogi'n dda yn mynd i arbed dy eis di'? Deuthum i weld gwirionedd ei bregeth, mewn mwy nag un maes.

Ifan neu 'nhad a fyddai'n pladurio gan amlaf. Roedd galw am gryfder, crefft a hir brofiad i wneud y gwaith yn raenus. Y dasg gyntaf oedd agor maes, neu yn ein geiriau ni, 'agor rownd'. Torri ystod o gwmpas y cae er mwyn i'r ceffylau a'r beinder ddechrau torri'r gweddill. Ein tasg ni oedd tynnu mas a dilyn y pladurwr o bell. (Rhaid oedd cadw draw oddi wrth y bladur.) Casglu 'chydig o'r ystod a wnaem a'i roi'n sypyn crwn yn barod i rywun ddod i'w rwymo a'i droi'n ysgub. Gan mai ystod bôn clawdd oedd yr un a dorrid, yn naturiol roedd tyfiant y bôn clawdd wedi lledu i'r maes. Mieri wedi dirwyn am latheidiau a'r rheiny'n fras gyda phigau cryfion. Danadl poethion a allai frathu fel nadredd a gadael eich cnawd yn lympiau cochion coslyd. Ninne'n rhedeg i chwilio am ddail tafol i'w taenu fel plastar dros yr aflwydd. Roedden nhw'n hynod effeithiol. Pa ddolur bynnag a gaem, dim iws cwyno, oherwydd yr un ymateb a gafwyd bob tro, 'Diawch, be sy' gen ti? Dwylo ledis?' a dyna'r sarhad mwyaf. Brathai fwy na'r pigau. Doedd ond dal ati'n stoicaidd hyd awr y gollwng a tawel weddïo y deuai'n gynnar. Fe geid ambell sbelen wrth reswm, bron nad oeddem yn dymuno y bydde'r pladurwr yn taro carreg ac yn pylu min ei bladur a galw am hogi. Hefyd te i'r cae, a does dim tebyg i de ar y cae. Cewch gadw eich prydau moethus yn y gwestai gorau i gyd, rhowch i mi bryd ar y dalar. Roedd yn cwrdd â mwy nag un gofyn; caech gyfle i gael eich gwynt atoch ac i wasgu ambell bigyn o'ch cnawd ac roedd cael dracht o ddiod yn adfywiol iawn ei rin i enaid blin lluddedig, heb sôn am y trin a'r trafod a'r tynnu coes a allai fod yn ddidostur ar brydiau, yn enwedig os oedd un ohonyn nhw wedi cael gwynt o ryw stori am un yn hebrwng croten gartref.

Anghofia' i ddim un noson pan oeddwn i'n dychwelyd i'r ffald gan fagu fy nwylo clwyfedig, yn morio mewn tipyn o hunan dosturi. Pwy dda'th yn ddiarwybod o rywle ond dau o fois y pentref, yn wên o glust i glust. Bag bach ar eu cefnau, yn awyddus iawn i ddatgelu ei gynnwys. Roedden nhw wedi cael pnawn wrth eu boddau ac wedi llwyddo i ddal amryw o frithyllod, a dyma eu gosod yn rhes o fy mlaen.

'Ble cisoch chi nhw?'

'Ym Mhwll y Badell, digon yno heddi.'

Gwyddwn yn dda am y pwll gan fy mod wedi bod yno fy hun yn bracsan yn ei ddyfroedd oer. Hwnnw oedd y pwll a ddefnyddiai'r hen Fedyddwyr i fedyddio y credinwyr pan oedden nhw yno slawer dydd. Wedi hen ddiflannu ond pwll eu defod yn parhau. Doedd gen i ddim i'w ddangos ond dwylo llawn o bigau ysgall a'r dasg o'u codi o'i llochesau yn fy nghnawd ifanc yn un boenus iawn. Alla' i fentro dweud wrthoch chi, roedd fy eiddigedd yn berwi y noson honno, ac yn gofidio'r ffawd a'm gwnaeth yn fab fferm.

Erbyn hyn rydw i wedi newid fy meddwl. Os oedd llond bag o frithyllod gyda nhw, ce's i gnwd o eirfa ac ymadroddion y byd llafurio. Iaith ac ymadroddion sy' bellach fel y bladur wedi rhydu, ond cyfoeth ddoe ydynt, sy'n wahanol i'r brithyllod a'u llygaid pwl yn y bag, am eu bod yn dal i befrio ac maen nhw'n flasus ar fy ngwefus bob dydd. Ac yr ydw i'n gwbl hyderus mai dyna fydd y stori tra byddaf. Mae'r gwahaniaeth rhwng melltithio eich tynged a bod yn ddiolchgar am yr hyn sydd gennych yn un go fawr. Gwn am y profiad. Rhyw fath o symud o'r niwl i'r nef!

Synhwyro

Anghofia' i fyth mo'r profiad. Gallaf nodi'r awr a'r lle. Nos Sul, Hydref 8fed, 1995 am hanner awr wedi wyth y nos. Mae 'na reswm da pam fy mod i mor sicr, oherwydd ar yr adeg yna byddaf yn fy nghadair yn paratoi i wrando ar 'Dalwrn y Beirdd'. Newydd eistedd oeddwn i a dyma gloch y ffrynt yn canu. Atebwyd y drws a dyma 'ngwraig yn dod 'nôl a dweud bod Ffrancwr ifanc wrth y drws. Wedi ei anfon atom gan ffrind i ni. 'Mae e am ddangos lluniau i chi.' Gwahoddwyd ef i'r tŷ. Roedd e'n hynod o gwrtais a boneddigaidd ac yn ymddiheuro am alw mor hwyr. Wedi tynnu sgwrs gydag e cawsom ar ddeall iddo fod yng Nghymru ers rhai blynyddoedd.

'Rhyw grwydryn fûm i erioed. Ce's gyfnod yn India, yna deuthum i Gymru a chael bwthyn anghysbell yn agos i Lanfair Caereinion.' (Yn eithaf agos i Gregynog, os deallais i yn iawn.) Byddai'r ardalwyr yn ei alw 'Y Meudwy'. Hoffai'r fro honno yn fawr a châi'r brodorion yn rhyfedd o garedig. Gwneud lluniau oedd ei waith a'u gwerthu er mwyn cael dau ben llinyn ynghyd. Yna daeth i Lantrisant. Bu gweithdy gydag e yno nid nepell o'r eglwys.

'Odych chi'n gyfarwydd â Neuadd Dinas Caerdydd?' gofynnodd.

'Gweddol. Wedi bod yno sawl tro.'

'Gwyddoch fod yno gerfluniau o enwogion Cymru.'

'Gwn, clywais yr Athro Rees Davies yn cyfeirio atynt wrth draddodi ei ddarlith ar Owain Glyndŵr yn Steddfod Bro Colwyn.'

'Soniodd e am Williams Pantycelyn?'

'Dim ond ei enwi wrth basio.'

'Rydw i wedi ei weld. Doeddwn i'n gwybod un dim amdano o'r blaen. Dyn dieithr hollol oedd e i mi. Ond alla' i ddim dweud wrthych chi be yn hollol a ddigwyddodd; gwnaeth argraff fawr arnaf. Gafaelodd ynof yn sownd. Mae 'na sôn am rywun yn cyffwrdd â'r Iesu a rhin yn llifo ohono ac yn ei wella. Fe deimles i rywbeth tebyg wrth syllu ar gofgolofn Pantycelyn. Cymaint oedd ei afael ynof fel bu raid imi wneud llun ohono. Gwnes fraslun yn y fan a'r lle ac wedi troi i fy ngweithdy euthum ati i droi'r braslun yn llun go iawn.'

Aeth i'w fag a thynnu'r llun ohono a'i ddangos i ni.

Sôn am ddistewi a mynd yn fud. Allwn i ddim credu fy llygaid. Gŵr na wyddai ddim, ar ei gyfaddefiad ei hun, ac yn dod o draddodiad crefyddol gwahanol iawn i Bantycelyn, oblegid Catholig heb ymlyniad oedd hwn.

Dechreuodd egluro rhai pethau yn y llun. 'Mae 'na angel â chynffon môr-forwyn ganddi. Mae hon yn hofran uwchben Pantycelyn. Ei wraig yw honna oherwydd bu hi'n ei gysgodi gydol ei hoes. Hi a'i galluogodd i wneud ei waith. Ac y mae Pantycelyn yn sefyll ar graig. Canodd lawer am Graig yr Oesoedd,' meddai.

'Do, bid siŵr.'

'Ac ar ben y graig, bron wrth ei draed mae talp o ddiemwnt. Symbol yw hwnna o natur, gwerth ac angerdd ei waith. O gwmpas y graig mae môr.'

'Mae cyfrol gydag e,' meddwn wrtho, 'a'i henw yw *Môr o Wydr*.'

'Wyddwn i mo hynny.'

'Ac uwchben Pantycelyn mae rhimyn o ffurfafen ddu a sêr yn goleuo ynddi.'

'Roedd gydag e ddiddordeb arbennig mewn gwyddoniaeth, yn arbennig yn y cosmos,' meddwn.

Mae symbolaeth y llun yn creu synnu fyth ar synnu, a daliaf i ofyn y cwestiwn, sut y gallod gŵr dieithr dreiddio i'r adnabyddiaeth o gyfraniad a gwaith un a oedd yn llwyr tu fas i'w fyd? Mynnai e mai'r ateb oedd ei fod wedi ei ddal ganddo, a bod y dal hwnnw wedi agor ei lygaid i weled dirgelwch ei arfaeth a'i air.

A'm unig ymateb i yw dyfynnu adnod gyfarwydd, 'Ni chefais gymaint ffydd, naddo, yn yr Israel.'

Gwelodd y Ffrancwr hwn fwy nag a welodd miloedd o Gymry yn eu Pêr Ganiedydd. Wrth gwrs, prynais y llun ac mae iddo le teilwng yn ein cartref. Noson annisgwyl o seiat oedd honno. Doeddwn i ddim yn gwbl hapus ar y dechrau fod ffrind wedi ei anfon i'n tŷ ni i darfu ar 'Dalwrn y Beirdd'! Ond cyn diwedd y noson ro'n i'n ddiolchgar ei fod wedi cael ei gyfeirio atom. Rydw i'n credu fy mod yn gwybod beth oedd e'n ei feddwl pan ddwedodd fod Pantycelyn wedi ei ddal a bod rhyw rin wedi llifo ohono a'i feddiannu. Ce's innau deimlad cyffelyb pan fûm yng nghwmni Tom Nefyn Williams. Rwy'n ymarhous i ddefnyddio'r gair sancteiddrwydd, ond rhywbeth fel'ny oedd e. Ce's yr uchel fraint o gario yr heddychwr mawr George M Ll Davies yn fy nghar unwaith. Dal fy anadl wnawn i, roeddech chi'n synhwyro eich bod yng nghwmni sant. Sonia'r Lladinwr am *Mysterium Tremendum*, rhyw ddirgelwch anghyffwrdd a llethol. Mae e i'w gael ac onid dyna a gafodd y Canwriad wrth droed y Groes pan gyffesodd,

100

'Yn wir, mab Duw oedd y Dyn hwn'?

Bydded i chi gael eich meddiannu gan y 'person rhyfedd hwn'. Fe welwch bethau newydd a rhyfeddol ynddo.

Cyfrol arbennig arall

CYFROL DEYRNGED

EIC DAVIES

Gol: Myrddin ap Dafydd

Pris: £4.95